Ю. Орлов

В застольный час о самом главном

тосты, поздравления, пожелания

ЯУЗА
ЭКСМО
Москва
2002

ББК 84.6
О. 66

О.66 **Орлов Ю.**

В застольный час о самом главном.— М.: ООО Изд-во Яуза, ООО Изд-во ЭКСМО, 2002.— 256 с.

ISBN 5-8153-0276-7

Название этой книги вполне соответствует её назначению: запечатлеваться в сердцах и в душах людей метким, звучным словом, которое так необходимо бывает в торжественных случаях, в застольный час. Автору книги — поэту Юрию Орлову — удалось найти тот самый «золотой ключик», которым он открывает нам кладезь духа народного, который служит талисманом удачи.

ISBN 5-8153-0276-7

ББК 84.6

СЕКРЕТ УСПЕХА

Говорят, что поэзия отмирает. Сомневаюсь. То, что дано человеку природой, пребудет с ним навсегда. Посмотрите на детей: для них потребность говорить в рифму, «складно», естественна, как дыхание. Поэзия необходима и во взрослую пору жизни. Она перечеркивает серые будни. Ею украшаются праздники.

Сборник Юрия Орлова живо напоминает об этом. Человек тянется к праздничному застолью, потому что его естество требует душевного общения с ближним. И здесь без поэтического слова не обойтись.

Только на первый взгляд «застольная» поэзия может показаться элементарно простой. На самом деле для выражения духа русского застолья нужен особый талант. Надо обладать незаурядным импровизационным даром, чтобы легко и непринужденно выдать стихотворный тост, остроумно обыграть гороскоп, лихо закрутить юбилейный комплимент... Главное же, во всем этом должен присутствовать светлый талант дружелюбия. Тот талант, который искрится и бурлит в стихах Юрия Орлова.

Секрет его успеха в том, что он знает и любит своего читателя. Читатель отвечает тем же. Он может не знать всех тонкостей поэзии, но в хорошую «застольную» минуту берется сборник Юрия Орлова, и начинают звучать стихи, которые делают жизнь светлее и радостнее.

Леонид Таганов
Доктор филологических наук,
литературный критик.

ГИМН РАДОСТИ

Жизни бурный поток,
Как пьянящий глоток,
Что порой замираю от сладости.
В жизни столько высот,
В жизни столько красот,
В жизни столько кипенья и радости!

Не ходи, словно тень,
Даже в пасмурный день —
Радость крылья расправит широкие,
И бегут поезда,
И растут города,
И зовут горизонты далекие!

И степная полынь,
И глубокая синь —
Все, что мной пережито и пройдено,
Радость солнечных дней
И улыбки друзей —
Это я, это мы, это Родина!

Светлый миг — впереди,
Унывать погоди,
Одолей все сомненья и слабости,
Не вздыхай о судьбе —
Радость только в тебе,
В неустанном движении к радости!

В застольный час о самом главном

ЗВЕЗДЫ ПРОРОЧАТ

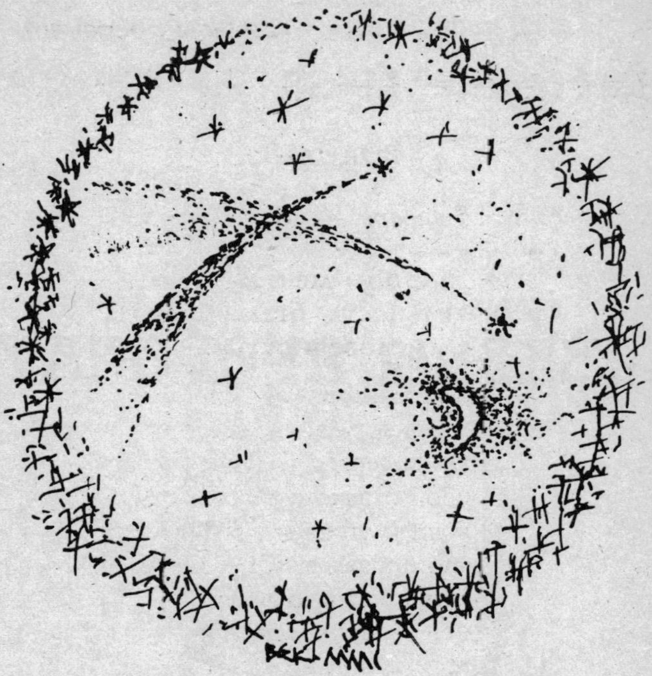

ВОДОЛЕЮ

21 января — 20 февраля

Свойственны: мечтательность, общительность, отзывчивость, человечность.

Скучать не может Водолей,
Стремясь туда, где веселее,
Другим сердца и души грея
Душой отзывчивой своей.
Журчи и стражди, Водолей,
Свою оправдывай примету, —
Мечту красивую лелей.
Имея звонкую монету.
Благой почин не канет в лету
Во имя светлого всего...
И если счастья вовсе нету,
То стоит выдумать его!..

РЫБЕ

21 февраля — 20 марта

Свойственны: **тонкая интуиция, таинственность, углубленность в себя.**

Нет, не обидел Зодиак,
Кого родил под знаком Рыбы —
Не из какой-то общей глыбы,
Не так себе, не кое-как!..
Знак утончённый, по примете
Суть сокровенная твоя —
Не только хвост да чешуя,
Но держишь ты её в секрете!
Тебе даны глубины эти,
Чтоб, свой настроивши смычок,
Не угодить в чужие сети
И не попасться на крючок!

ОВЕНУ

21 марта — 20 апреля

Свойственны: **оптимизм, задор, горячность, импульсивность.**

Характер Овена не ровен,
Как полыхание огня.
И хоть овечке он родня,
В неукротимости — феномен.
Не охлади ж свой норов, Овен,
Души выплескивая жар,
И, без нужды не хмуря брови,
Кипи, как тульский самовар,
Чтоб, выпуская лишний пар
И никогда не иссякая,
Ты всё б звенел, не умолкая,
И был бы сед, но не был стар!

ТЕЛЬЦУ

21 апреля — 20 мая

Свойственны: **благожелательность, миролюбие, склонность к комфорту и уюту.**

Тельца сиятельный венец —
Вершить добро под знаком мира.
Не потому, что не задира,
А в том и дело, что — мудрец.
Так благоденствуй же, Телец,
Не забывая сам при этом
Отведать вдосталь сытных щец,
Живя по праведным заветам,
И чтоб всегда — зимой и летом —
Блаженно было на душе,
Чтоб не когда-то, а уже
Рай обрести на свете этом!..

БЛИЗНЕЦУ

21 мая — 21 июня

Свойственны: неопределенность, раздвоенность, разносторонность интересов, любознательность.

И тут и там — равно «спецы»,
Где их простёрты длани:
Талантом блещут Близнецы,
Как бриллианта грани.
И дай-то Бог, чтоб впору сани,
И путь — без горестных потуг:
И кошелек тугой в кармане
На всякий надобный досуг,
Единомышленников круг
И близкий друг не для дизайна...
И чтоб на голову случайно
Не падал сам собой утюг!

РАКУ

22 июня — 22 июля

Свойственны: обостренная чувствительность, загадочность, противоречивость.

Загадок много в Зодиаке,
Но всех загадочнее — Рак,
Хоть нам порою «кажут» — как
И где они зимуют, Раки?!
И потому, бывая всяким,
Имея чувственную суть,
Будь счастлив, Рак, в законном браке
И в незаконном — тоже будь!
Чтоб стлался розами твой путь
И было б всё всегда в порядке,
И чтоб решать твои загадки
Умел бы рядом... кто-нибудь!

ЛЬВУ

23 июня — 23 августа

***Свойственны:* склонность к лидерству, роскоши, вальяжность, великодушие.**

Известно, водятся у Льва
Недаром царские повадки,
Поскольку суть его — не пятки, —
Его «большая» голова.
И, как о том шумит молва,
Будь, Лев, и впрямь достоин «трона»,
Чтоб видно было — не «ворона»,
Что Лев вполне похож на льва!
И, зная все свои права,
Живи роскошно и красиво,
Чтоб не болела голова,
Чтоб не редела грива!

ДЕВЕ

24 августа — 23 сентября

Свойственны: практичность, рассудительность, основательность, аккуратность.

На Короля есть Королева —
Таков девиз практичных Дев.
И где порой бессилен Лев —
На высоте бывает Дева!
Была бы почва для посева,
И будут всходы — дайте срок...
Тебе совсем не надо гнева,
Чтоб гнуть других в бараний рог.
Лишь не погас бы огонёк
И чье-то встретилось участье
Воздвигнуть храм любви и счастья
Вдали от суетных тревог!..

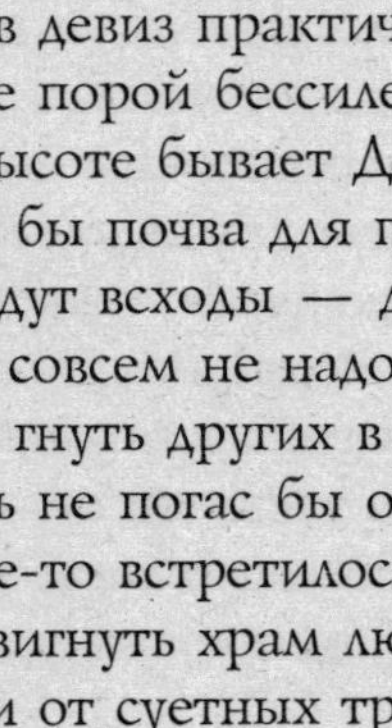

ВЕСАМ

24 сентября — 23 октября

***Свойственны:* уравновешенность, обходительность, рационализм.**

Всё можно взвесить на весах —
И пух, и прах — им всё едино:
Есть золотая середина,
Весы с которою в ладах.
И в чередующихся днях,
Всходя на кручи, где положе,
Ступая ощупью впотьмах,
Мудры Весы!.. И дай-то Боже,
Чтоб, не забыв в щедротах тоже,
Судьба отвешивала Вам
За килограммом килограмм
Удач — ценою подороже!

СКОРПИОНУ

24 октября — 22 ноября

***Свойственны:* решительность, напористость, страстность, непреклонность.**

Нет знака страстней Скорпиона
И нет решительней, чем он:
Задатки носит Скорпион
И темперамент — чемпиона.—
Коль такова твоя персона,
Перед судьбой не егози
И, взяв редуты бастиона,
Победно знамя водрузи!
И в этой самой же связи
Превозмоги любые рамки,
Чтоб непременно выйти в «дамки»
Иль разом выскочить в «ферзи»!..

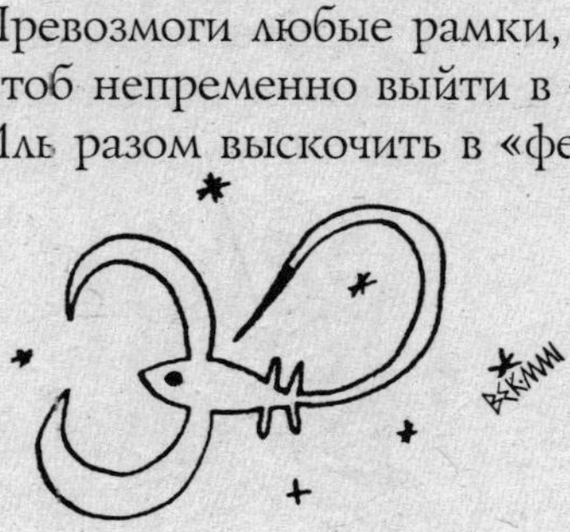

СТРЕЛЬЦУ

23 ноября — 21 декабря

***Свойственны:* неутомимость, страсть к путешествиям, приключениям, авантюрам.**

Удел Стрельца — бродить по свету,
Неся судьбы своей венец,
И коль конца у света нету —
Не успокоится Стрелец!
И в этом, право, молодец!..
Ему ль смотреть на вещи хмуро?
И, пылких множество сердец
Пронзив насквозь стрелой Амура,
Кипи, кипучая натура,
Всех пут распутывай кудель,
В удачу целя без прищура
И попадая прямо в цель!

Ю. Орлов

КОЗЕРОГУ

22 декабря — 20 января

Свойственны: упрямство, собранность, целеустремленность.

Над нами часто шутит рок!
Но пожелаем Козерогу
Найти кратчайшую дорогу,
Чтоб цели он достигнуть мог!
Дерзай, упрямый Козерог,
Свой зов судьбы подспудно слыша!
Как видно, жребий твой высок,
Коль твой девиз — вперед и выше!
И дай-то Бог — в семейной нише
Чтоб был удачлив и богат
И чтоб под собственною крышей
Ты не был, собственно, «рогат»!

НА БРУДЕРШАФТ С ВОСТОЧНЫМ ТАЛИСМАНОМ

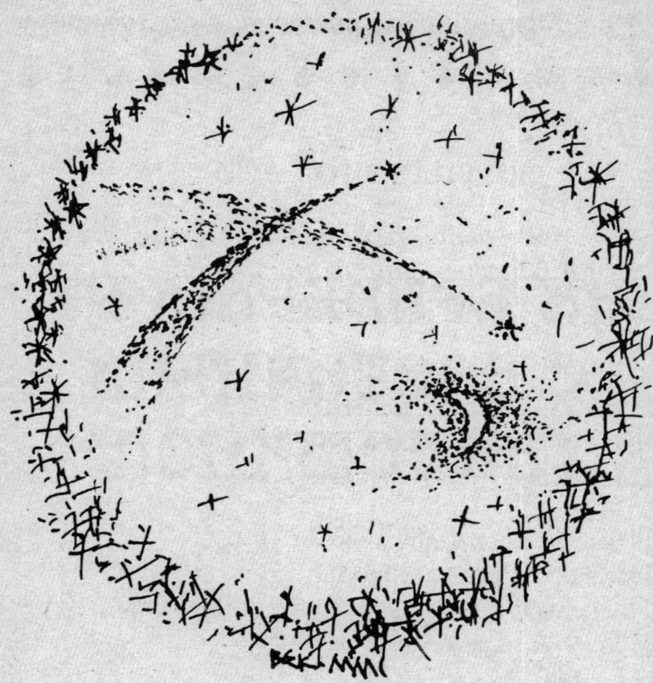

ВСТУПАЯ В ГОД ДРАКОНА

*Обещает быть изматывающим, бурным,
но одновременно благоприятным для
грандиозных свершений и побед.*

Заметим так, вступая в год Дракона
И смутных чувств испытывая зуд,
Что в наших сказках преподобье оно
По-русски Змей-горынычем зовут.

И мы мечту подспудную лелеем
И говорим: пожалуйте на трон!
Поскольку с ним — то бишь с «зелёным змеем»,
Умеем ладить — был бы только он!..

ВСТРЕЧАЯ ГОД ЗМЕИ

Предрасполагает к мудрости, к разрешению накопившихся сложных проблем, считается самым благоприятным для начала супружества.

Наступает год «змеиный» —
Пусть он будет величав,
Пусть он будет длинный-длинный,
Как извивистый удав!

Пусть он будет годом добрым,
Чтоб средь знаемых подруг
Не водились вовсе «кобры»
И не значилось — «гадюк»!..

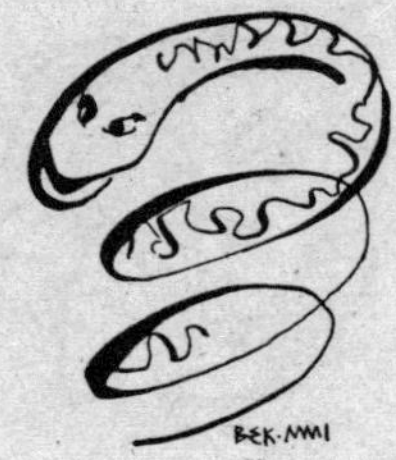

ВСТРЕЧАЯ ГОД ЛОШАДИ

Располагает к плодотворной работе,
к доброжелательной атмосфере,
к компромиссу.

Спеша вспахать непаханую ниву,
Взираем мы на свежий календарь:
Пусть Лошадь нам откроет перспективу,
Чтоб осушить сей стоило стопарь!

Чтоб всяк в своей был силушке уверен,
И, разговляясь вволюшку винцом,
Предстать не тем, кто звался б — «сивый мерин»,
А «иго-го» — достойным жеребцом!..

ВСТРЕЧАЯ ГОД КОЗЫ

Обещает некоторый дефицит благоразумия, сулящий испытать капризы и превратности судьбы. Считается особо благоприятным для артистов и людей искусства.

Бокал свой поднимая новогодний, —
Покуда «ни в одном ещё глазу»,—
Мы приручить попробуем сегодня
Ту самую — грядущую — Козу.

Пускай витают мысли, как стрекозы,
Завязывая мудрые узлы,
И были б рядом козочки да козы,
Вот только нежелательны — «козлы»!..

ВСТРЕЧАЯ ГОД ОБЕЗЬЯНЫ

Предрасполагает к риску, к неожиданностям, к новым идеям и начинаниям.

Вступая в год под знаком Обезьяны,
Мы полагаем, знак сей — не изъян,
И повод есть поднять свои стаканы
За них, за этих самых Обезьян!

Удачу обещают талисманы,
Чтоб год грядущий в профиль и анфас,
Как некое подобье обезьяны, —
Не строил нам ни каверз, ни гримас!..

ВСТРЕЧАЯ ГОД ПЕТУХА

Обещает некоторую суровость, бескомпромиссность, затраты больших усилий и трудов. Считается особо благоприятным дня людей военных.

Многоголосью вторя эхом,
Бокалов звон ласкает слух:
Уже он нам «прокукарекал»,
Год новоявленный — Петух!

И повод есть сегодня чинный
Бокалов тех увидеть дно,
Чтоб, веря в норов петушиный,
Найти искомое «зерно»!..

ВСТРЕЧАЯ ГОД СОБАКИ

Располагает к некоторому пессимизму и одновременно к проявлениям доброй воли и великодушия.

Дарован году знак Собаки,
По всем статьям — хороший знак,
Чтоб нас хранить от всякой бяки
И обещать нам всяких благ!

Чтоб с новой встретиться удачей,
Храня надежду про запас,
Что в год Собаки — не собачьей
Жизнь ожидается для нас!..

ВСТРЕЧАЯ ГОД СВИНЬИ

Сулит всевозможные удачи, упоение радостями жизни. Считается особо благоприятным для финансистов и интеллигенции.

Располагая к благочинству,
От бед нас, Боже, сохрани,
И пусть не будет места свинству
Меж нами даже... в год Свиньи!

Чтоб чаще радость, чем кручина,
Являлась, смехом прозвеня,
И где положена свинина,
Там не подложена — «свинья»!..

ВСТРЕЧАЯ ГОД КРЫСЫ

Располагает к заготовкам впрок, к интеллектуальным и иным усилиям во имя будущего. Считается особо благоприятным для подвизающихся на литературной ниве.

Свои решая «экзерсисы»
И строя планы выше крыш,
Вступая в год под знаком Крысы,
Мы говорим сей твари: «Кыш»!

Нам жизнь не делает поблажки,
Но коль возможен компромисс, —
Пусть наполняются рюмашки,
И нас никто б за них — не «грыз»!..

ВСТРЕЧАЯ ГОД БЫКА

Обещает неимоверное напряжение сил, располагает к рутинности и консерватизму. Считается особо благоприятным для сельского хозяйства.

На смене вех — в лад общему настрою —
Мы говорим, встречая год Быка:
Пусть беды нас обходят стороною,
Пусть радость нас найдет наверняка!

Чтоб нам жилось по доброму обычью,
Когда не метят друга во врага,
И ко всему — иметь бы силу бычью,
И не иметь — те самые «рога»!..

ВСТРЕЧАЯ ГОД ТИГРА

Сулит беспокойство, тревожные ожидания, неожиданные развязки. Считается особо благоприятным для решительных действий, для перемен.

К веселью как не приобщиться
Всей полнотою наших фибр,
Коль повод есть, как говорится,
Ведь на «престол» рядится — Тигр!

И дай Бог: в жизни полосатой
Чтоб год грядущий нам принес
Побольше радости крылатой,
Поменьше — черненьких полос!..

ВСТРЕЧАЯ ГОД КОТА

Обещает быть спокойным, благостным, умиротворяющим. Считается особо благоприятным для людей закона, юстиции.

Что грешны — мы знаем сами,—
Не блюдём своих постов!
И святей уже не станем:
Наступает год «котов».

Нам бы горюшко не мыкать,
Слов хороших не забыть,
Чтоб без устали мурлыкать,
До беспамятства любить!..

В судьбе означенные даты

Когда в душе покоя нет
И хочется чудес,
Нас манит тихий лунный свет
И дальний свод небес.

И звезд полуночной порой
Нетленный уголек,
И где-то там, за далью той
В окошке огонек.

Но, вдруг устав от суеты,
Сильней отрады нет —
Припомнить первые мечты
И восемнадцать лет!..

ЮНОЙ ДЕВЕ К СОВЕРШЕННОЛЕТИЮ

Прелестью весеннего цветочка,
Что невольно просится в букет,
Расцвела у папы с мамой дочка,
И уж дочке — восемнадцать лет!

И уже родители в испуге,
Хоть дела не так-то и плохи,—
Коль по этой барышне в округе
По ночам вздыхают женихи...

Только дай-то Бог, как говорится,
Ей удачи в том наверняка:
Если уж не сказочного принца,
То и... не Ивана-дурака!..

СЫНУ К СОВЕРШЕННОЛЕТИЮ

Души нетленное наследство,
Живое, кровное родство!..
Вот и твое уходит детство, —
Вершится жизни торжество.

По меркам всем, по самой сути
Уже ты нынче не юнец.
Ну что ж, мой сын, на перепутье
Тебя напутствует отец.

Будь сам собой — ведь мы не боги,
Но, вскачь гоня своих коней,
Не сбейся с истинной дороги
Безумном вихре новых дней.

Будь и решительным, и твердым,
Не отступаясь до конца,
Чтоб подлеца ударить в морду
И за себя, и... за отца.

Не всем дано взлететь высоко,
Покажет жизнь — кому куда...
Но даже если ты не сокол,
Ты — из орлиного гнезда!

НАДПИСЬ НА КНИГЕ

Поэта-классика творения —
На память дарим в день рождения!

Но эти строки юной даме
Мы, как могли, — творили сами.

Поскольку знаем мы секрет:
Сегодня даме 20 лет.

И мы желаем ей меж строчек:
«Цвети и здравствуй, ангелочек!..

К 25-ЛЕТИЮ

Очередная жизни веха,
Еще один заметный срок,
Хоть и всего-то ЧЕТВЕРТЬ ВЕКА —
Житейской повести пролог!

И впредь, свои считая лета,
Будь счастлив в собственной судьбе,
И этой повести сюжета
Дай Бог прекрасного тебе!..

СЕСТРЕ К 30-ЛЕТИЮ

Наша милая сестрица,
Наша славная мадам!
Вот уже тебе и тридцать, —
То-то повод выпить нам!..

И, собравшись всею ратью,
Выпьем нынче дружно враз —
За сестрицу и за братьев,
И за каждого из нас!..

И спасибо скажем, мама,
Что меж мальчиков-орлят
Появилась в доме дама
Ровно тридцать лет назад!

Ю. Орлов

В ЧЕСТЬ 40-ЛЕТИЯ

Нам час и день сей жизни дорог,
Как память пройденных дорог...
И срок, в который стукнет сорок,—
Вполне-вполне приличный срок!

И пусть чего-то не успелось,
Но сорок лет, но сорок лет!
Ведь это только наша зрелость,
Всего лишь навсего — расцвет!..

МУЖСКОЕ ПРИВЕТСТВИЕ 45-ЛЕТНЕМУ МУЖЧИНЕ

Скажу предельно кратко:
Товарищ, не грусти
У пятого десятка —
Как есть — на полпути.

Еще чего-то значит
Мужчина в годы те,
Чтоб вновь ловить удачи
И быть на высоте!

45-ЛЕТНЕЙ ЖЕНЩИНЕ

Мерцают годы, словно свечи,
Их ни прибавить, ни отнять...
Но сей черед — еще не вечер,
Хотя уже и — сорок пять.

Души порыв неукротимый
Еще возможно ли унять,
И значит время — быть любимой,
Коль «баба — ягодка опять»!..

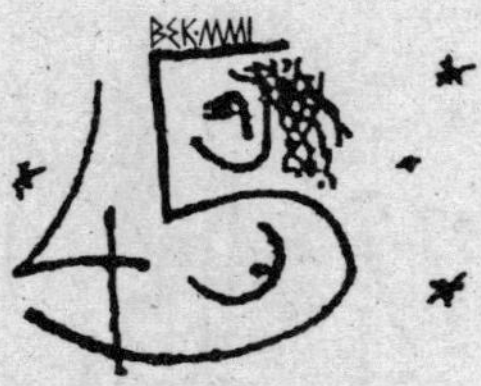

ПЯТЬДЕСЯТ!

Полвека — полдень человека,
Сказать ли правильней — расцвет,
В большом пути — большая веха, —
Вершина молодости лет.

Не остуди ж былых желаний,
Не погаси души пожар
И, становясь еще румяней,—
Цвети и пахни, юбиляр!..

Ю. Орлов

Пятьдесят годков — ей-ей —
Как тут не заметить:
Этот славный юбилей
Надо бы отметить!

Чтоб испробовать коньяк
Да поддать бы жару,
И сказать примерно так:
«Слава юбиляру!»

ШЕФУ К 50-ЛЕТИЮ

Остановись, счастливое мгновенье:
В тот день, когда, конечно, не грустят,
Мы с наслажденьем празднуем рожденье
Того, кому сегодня пятьдесят.

И не за страх, а лишь из уваженья
Ему хвалы поем мы нараспев...
Неужто шеф не видит наше рвенье,—
Так дай-то Бог тебе прозренье, шеф!

Ю. Орлов

Звенят фужеры и рюмашки,
Важней событья нынче нет:
Мы собрались «откушать бражки»,
Чтоб разменять полсотни лет.

Как карты, здравицы разложим,
Чтоб юбиляра суть понять,
И в срок означенный — поможем
Ему и сотню разменять!..

К 60-ЛЕТИЮ

Души пожара не погасят
Ни пятьдесят, ни шестьдесят...
И кто сказал — года не красят,
Коль серебром они блестят!

И тем весомей их «караты»,
Чем вдохновеннее труды:
И окупаются затраты,
И пожинаются плоды!..

В КАНУН 70-ЛЕТИЯ

Тут никакой не кроется секрет,
Что возраст сей Вам норов не остудит:
Вам нет еще 70-ти лет,
Хоть говорят — возможно, скоро будет.

Но дело вовсе даже не в годах, —
Они едва ль заслуживают счета,
Пока еще огонь горит в глазах,
Пока еще во сне летать охота.

А уж по этой части Вы — «мастак»,
Имея столь блистательные крылья
И наяву припархивая так,
Что позавидует иная эскадрилья.

И жить Вам, право, так-то веселей,
Всё виражи закладывая круто...
А тут и приключился юбилей
Приметным пунктом славного маршрута.

И потому поклон примите наш
И дух переведите, хоть немного!
И коль такой собрался «экипаж»,
То будет Вам счастливая дорога!..

ЮБИЛЯРУ

Юбилей справляет дом,
Нынче праздник в доме,
И народу в доме том,
Словно в гастрономе!..

Гости замерли зараз,
Гости в нетерпенье:
Каждый высказать горазд
Лично поздравленье.

Мы б, конечно, всей душой,
Но — пиши пропало:
Юбилей такой большой...
Да и нас немало!

Потому одну, спеша,
Мы мечту лелеем:
Вас поздравить сообща
С этим юбилеем.

Пусть Вас делают года
Только благородней,
Будьте счастливы всегда
И вдвойне — сегодня!

Ю. Орлов

Близких радуйте людей
Тем расположеньем,
Чтоб Ваш каждый юбилей
Был омоложеньем.

Чтоб и в новые года
Были бы причины
Вспоминать хоть иногда
Эти именины!..

Пусть юность прежняя далёко,
Желаем Вам, товарищ наш,
Душой не стариться до срока
И не считать рабочий стаж.

У жизни есть иная мера,
Иной и ракурс, и резон —
Остаться в ранге кавалера,
Что вечно молод и влюблен.

С молодцеватостью гусара
И удалым разлетом чар...
Мы чтим, конечно, юбиляра,
Но разве ж это юбиляр?!

Коль даже юные сникают —
Тягаться тщетно не хотят,
И тайно девицы вздыхают —
Кому уже за пятьдесят...

И весь в высоком он «полете» —
Лишь хорошенько погляди —
И жизнь его на развороте,
И всё, как видно, впереди!

ВО ЗДРАВИЕ!

Блаженства миг тем благостен, что краток.
Неумолима времени река,
Что к нам бывает ласковой когда-то,
Чтоб остудить потом наверняка.

Но, зная слов высокое значенье,
Мы говорим с оглядкой на века:
Остановись, прекрасное мгновенье!..
Сегодня здесь такое угощенье,
Что вряд ли станет чарка велика!

И юбилей — застольно-широченный,
И сокровенный дружеский интим,
И юбиляр наш — мудрый и почтенный!..
А мы ему и глупости простим!

И мы скостим годков ему десяток,
За всё сегодня дружно пригубя...
Блаженства миг тем благостен, что краток,
Но пусть он будет долгим для тебя!..

Событья есть средь множества событий —
От сердца их никак не отлучить...
Я шел сюда с большим желаньем выпить
Не для того, чтоб горло промочить!

А чтобы, дней не прерывая нити,
Отпраздновать чудесный юбилей.
И значит, я обязан нынче выпить —
Не для того, чтоб сделалось теплей,

А чтобы лично выразить участье,
Припомнить вместе о поре былой
И пожелать такого в жизни счастья,
Чтоб можно было выпить — по второй!

С думой о кругленькой дате
Сегодня сюда каждый шел,
Собравшись широкою ратью
За этот торжественный стол.

И коли до места дошли мы,
То значит «до точки» — дойдем.
И, мыслею сей одержимы,
Мы выпьем... и снова нальем!

Нам есть что в памяти беречь,
О чем вести сердечно речи,
И дух сердечных этих встреч
Эпохой целою отмечен.

И потому мы пьем «по всей»,
Сердцам своим поддавши жара,—
За славный этот юбилей
И за здоровье юбиляра!..

Ю. Орлов

Придет она, пора почтенных лет,
И от нее, увы, куда нам деться!..
Но средство есть не исказить «портрет» —
Пореже в зеркало проклятое смотреться.

И накануне славных именин,
В преддверии большого юбилея,
Мы все тебе желаем, как один —
Живи и впредь, дружище, не старея!

РОДСТВЕННИЦЕ-ЮБИЛЯРШЕ

Горим душой и сердцем млеем —
Союз наш кровно нерушим, —
И, поздравляя с юбилеем,
Расцеловать скорей спешим!

Сгоревшим нам — не вспыхнуть снова,
И ты гори, но не сгорай:
И завсегда бывай здорова,
И о родне не забывай!..

Заздравный тост произнести скорее
Не терпится, душ чувствуя родство.
Вот потому в день славный юбилея
Я поспешал на это торжество.

Так всех Вам благ и многие Вам лета,
Чтоб, становясь светлей, мудрей, добрей,
Не оставлять посланье без ответа...
И ждать гостей на новый юбилей!..

Словно новенький полтинник,
Что сверкает и блестит,
Нынче в доме — именинник,
«Ослепительный» на вид!

Потому-то в тесном круге,
Как единая семья,
Собрались друзья, подруги...
Значит, вот пришел и я!

Чтобы, выразив участье,
Чем вполне душа горит, —
Пожелать здоровья, счастья,
Свой проверив аппетит.

Чтоб под знатные закуски
Чарка полная вина
Была выпита по-русски —
Обязательно до дна!

Чтобы с нами именинник
Пожелал бы сделать дубль,
Став похож не на полтинник,
А уже на целый рубль!

Ю. Орлов

Спешим к столу в который раз,
Коль для веселья есть причины:Пусть станут
праздником для насОчередные именины!..

Бокалы дружные сомкнем,
Крепя свое расположенье,
Чтоб этот день стал светлым днем
Тому, чье празднуем рожденье!

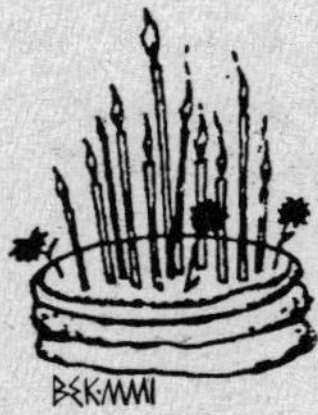

В день такой, в кругу друзей,
С верой и любовью,
Как не выпить братьей всей
За твое здоровье?

День чудесный именин —
Праздник самый-самый:
Ведь таких — всего один...
Сын у папы с мамой!

Не выпить как, коль есть причины,
Коль жизнь событьями полна:
Сегодня день твой — именины,
А как тут можно... без вина?!

Не для того, чтоб праздник справить,
Увы, — совсем не для того,
Но чтоб сердечнейше поздравить
И пожелать тебе — всего!..

Веселью прочная основа —
Бокалы в искрах золотых!
И нет желания иного,
Как вновь и вновь наполнить их.

Не позабыв в пылу поспешном
Того, кто есть вину — «виной»,
За именинника, конечно,
Поднявши тост очередной!..

Ю. Орлов

Верши, дружище, дни свои и месяцы,
Отмечая даты именин,
Чтоб шагал по ним ты, как по лестнице,—
До головокружительных вершин!

И, в свою удачу крепко веруя,
Впредь себе живи да поживай!
Но свое, конечно, дело делая, —
Про друзей совсем не забывай!..

ДРУЖЕСКОЕ ПРИВЕТСТВИЕ В ТОРЖЕСТВЕННЫЙ ДЕНЬ!

Пророчат нам кукушки и гадалки,
Но — срок не в срок — белеет голова.
Смешно вставлять в колеса эти палки:
У времени большие жернова.

И зов судьбы, конечно, неизбежен,
Но, обретая новые черты,
Все те же мы, хоть видимся всё реже,
И вот он бал, где чародеем — ты.

Свои года считая талисманом,
И даже вес возможный нарастя, —
Останься с нами пылким д'Артаньяном
И 20 лет, и 30 лет спустя!..

Среди бегущей вереницы дней
Пришел один, чтоб год тебе прибавить, —
То, отчего становится грустней
И с чем всегда торопятся поздравить.

И пожеланья сыплются сполна,
Чтоб жизнь вершилась чинно, безупречно,
Чтоб в днях грядущих виделась она —
Ровна, пряма, красива и беспечна.

А я желаю всё наоборот,
С тобой справляя праздничную дату:
Чтоб никогда не предъявила счет
Твоя судьба тебе же — за растрату!..

И потому, справляя праздник вновь,
Не позабудь же и о судном часе, —
Храня надежду, веру и любовь
Как тот резерв, что держится в запасе!

В чудесный день — Ваш день рожденья —
Могу ли Вам не пожелать:
Не просто счастья, а горенья,
Чтоб ярким пламенем пылать!..

Пусть трепет тот не утихает,
Не вянут женские красы,
Душа, как бабочка, порхает,
И сердце бьется — как часы!

Все оставь, мой друг, сомненья,
Хоть живем мы как в дыму,—
Свой отпразднуй день рожденья,
Как положено тому.

Дни проходят те и эти,
Но коль плохо станет вдруг,
Будь уверена: на свете
У тебя есть верный друг!..

Ах, не считайте понапрасну лет!
Сей миг в судьбе — как вещий подорожник:
Еще стихи напишет Вам поэт
И за портрет усядется художник!

И всё б лететь Вам за предел мечты,
И всё б идти по выверенной бровке,
И не терять надёжной высоты,
И никакой не делать остановки!..

БРАТУ В ТОРЖЕСТВЕННЫЙ ДЕНЬ

Еще в строю ровняя шаг,
Мы жить торопимся в надежде...
Всё это так, всё это так,
Хоть всё уже не так, как прежде.

И всё равно я сердцем рад
Тому, что нынче ты имеешь,
Так наливай полнее, брат,
Ты это, кажется, умеешь!..

В день именин в подарок брату
Готов отдать хоть всю зарплату.

Хоть эта самая зарплата
И самому мне ... маловата.

Но те подарки хороши,
Что в счет не денег, а души!

УВАЖАЕМОМУ «ФУНКЦИОНЕРУ»

Коль «порох» есть, то песнь не спета:
Еще какие Ваши лета!

Коль служба Ваша — не балет,
Нам дела нет до Ваших лет.

И что за возраст — эко дело!
Чтоб жить, надеждою дыша:
Есть голова, и даже — тело,
И молодецкая душа!..

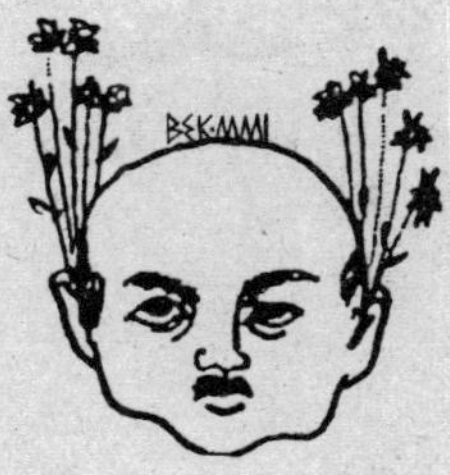

ДИФИРАМБ РУКОВОДИТЕЛЮ

Сказать неспроста нам сегодня так хочется:
Вы — наше сиятельство, наше высочество!

Но только мы знаем — того не убавишь:
Вы наш настоящий и друг, и товарищ!

За доброе всё: и за то, и за это —
Желаем Вам счастья и многие лета!..

ОТ КОЛЛЕКТИВА

Годы жизни время прибавляет,
Календарный лист переменив.
От души Вас нынче поздравляет
Наш сплоченный, дружный коллектив!

Вы за всех за нас теперь в ответе,
Дни былые убегают вскачь...
Потому и рады мы, как дети,
Пожелать Вам счастья и удач!

ШЕФУ — ЗОДИАКАЛЬНОМУ ЛЬВУ — ОТ ПОДОПЕЧНЫХ

О юбиляр, возьмите на заметку,
Встречая знаменательный рубеж:
Мы столько раз ко Льву входили в «клетку»,
Что нам давно пора бы — на манеж.

И вновь мы с Вами — только позовите!
И Вам желаем, помня о былом:
И впредь своей не умеряйте прыти,
И продолжайте оставаться — Львом!..

ИМЕНИННИКУ — ЗОДИАКАЛЬНОМУ РАКУ

Познав себя в небесном знаке,
Мы не спешим сойти на нуль...
Да! Зимовать умеют «Раки»,
Но дай Вам Бог поменьше «бяки»,—
Чтоб не кусали Вас собаки,
Чтоб рдели щеки, словно маки,
И был бы сладок Ваш Июль!..

ПЕРСОНИФИЦИРОВАННОЕ ПРИВЕТСТВИЕ

У Марка нынче юбилей,
И мы стремглав слетелись к Марку,
Чтоб выпить с ним хмельную чарку
И попросить: «Еще налей!..»

У Марка нынче юбилей!
И день морозный стался жарок,
И всем нам сделалось светлей...
И сам он нынче — как подарок!..

Совершенный холостяк
В некотором роде,
А уж тридцать как-никак
Стукнуло Володе!

Даже если женихом
Станешь в коем годе,
Будь и впредь холостяком...
В некотором роде!..

СИЯТЕЛЬНОЙ ОСОБЕ

Зовем не иначе, как только любовно:
«Ах, наша Петровна!.. Ах, наша Петровна!..»

А нынче любовь выражаем тем паче,
И это естественно — как же иначе?

Во всей-то красе — залюбуешься прямо —
Великолепная светская дама!

Не ради хвалы (то бишь ради елея),
И даже не ради сего юбилея

Мы гимны поём, обнимаем за плечи —
С участьем живым и теплом человечьим.

Мы Вас не годами — событьями мерим,
А что юбилей... так и быть уж — поверим.

И чарку хмельную, конечно, пригубим —
За это мы Вас ещё больше полюбим!

И сердце забьется неровно-неровно —
Ах, наша Петровна!.. Ах, наша Петровна!..

СВЕТЛАНЕ К ЮБИЛЕЮ

О чудный миг! О свет очей — Светлана!
Сегодня твой справляя юбилей,
Свои мы чувства выражаем рьяно:
Свети, цвети и — дай Бог — не болей!

Чтоб впредь свои ты не считала лета,
Чтоб не затмило душу, не свело,
И от сиянья Светиного света
Еще бы многим делалось светло!

Ю. Орлов

Нынче мы в гостях у Нины
И справляем вместе с ней
Мы не просто именины,
А большущий юбилей.

И по этой вот причине
Всё у нас сегодня есть,
Чтоб сказать спасибо Нине
За оказанную честь.

Будь, как прежде, солнцу рада,
Уносись мечтою ввысь
И душою, сколько надо,
Столько заново родись!..

Донеслась такая весть:
Будто бы у Нины
Чинный повод выпить есть,
Ибо — именины!

Мы слетимся, как на мед,
Посмотреть-побачить...
И глядишь — она нальет, —
Нас не одурачить!..

Ю. Орлов

У нас сегодня именины!..
Сказать вернее — у Марины.

И все ж точней сказать сейчас:
Раз у нее, то и у нас.

А это значит, с нею вместе
Мы выпьем «сто», а может, «двести»...

Чтоб были веские причины
Запомнить эти именины!

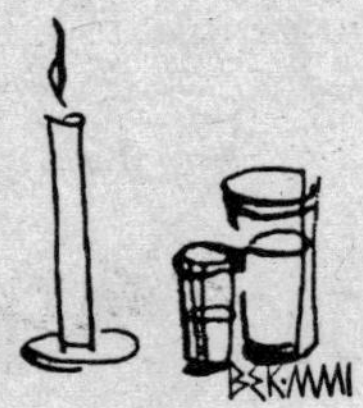

Знаем мы, Татьяной бредя,
Как Татьяна хороша:
Таня — ангел милосердья,
Таня — добрая душа!

И сегодня вот недаром
Собралась такая рать,
Чтоб за этакие чары
Чарки полные поднять.

Что и делаем мы рьяно,
Праздник празднуя с утра:
Несравненная Татьяна —
Именинница! Ура!..

Ю. Орлов

Вот он день, почти обыкновенный —
Для других не значит ничего.
Лишь тебе он памятен бесценно,
Этот день рожденья твоего.

Ты его встречаешь бойко, смело,
Будут гости, множество хлопот...
Скажут: «Ты сегодня повзрослела
Днем одним — на целый сразу год».

И кругом приветливые взгляды,
Теплых слов река со всех сторон.
За твое здоровье выпить рады
Папа, мама, родственники, он...

Все твои исполнятся капризы,
Возражений нет ни у кого,
Будут и приятные сюрпризы,
И улыбки — мало ли всего?!

А потом станцуешь танец белый,
Вся в цвету от праздничных забот,
Будто ты не на год повзрослела,
А моложе сделалась на год!

ПОЗДРАВЛЕНИЕ ИНКОГНИТО

Простите, что нечаянно
В день Ваших именин
Вам пишет не случайно
Безвестный гражданин.

И даже не безвестный,
Скорей наоборот:
Я тоже житель местный
И самый-самый тот.

Добра для Вас желающий
На тыщу телеграмм,—
Вас многоуважающий
И Вас предпочитающий
Среди Прекрасных Дам!..

Простите ж несуразного,
Что где-нибудь один
Сегодня будет праздновать
День Ваших именин!..

ПО СЛУЧАЮ СОБСТВЕННОГО ЮБИЛЕЯ

Не готов я все расставить точки,
Еще слово просится в строку,
И рожден, наверное, в сорочке,
Всякое изведав на веку.

Не рядил я ближнего в злодея,
Хоть и сам порою был не свят.
Так и дожил вот... до юбилея,
Отмечая нынче — пятьдесят.

На судьбу не сетую крутую,
Счеты не спешу я с ней свести,
Потому вновь ставлю... запятую —
Дабы только дух перевести!..

ОТВЕТНЫЙ СПИЧ ИМЕНИННИКА

От поздравлений и улыбок
Уж ходит кругом голова!..
Ну что ж, большое вам спасибо
За ваши теплые слова!

Что день, в который я родился
И утвердился в мире сём,
Что день тот самый не забылся,
Вы мне напомнили о нем.

И коли есть на то причины,
Чтоб сердцу сделалось пьяно,
Давайте ж справим именины,
Как на Руси заведено!

За те слова, что вы сказали,
Неся ответственность сполна,
Все то, что налито в бокале,
Пусть будет выпито до дна!

И знаю: сам за все в ответе,
Я буду крепко с миром слит,
Пока людьми на этом свете
Мой день рожденья не забыт!..

Напиток сей — употребляю,
Всем пожеланьям внемлю сим!..
И сам я — здравия желаю
Всем поздравителям моим!

СУПРУГЕ СОБСТВЕННОЙ... ПО-СВОЙСКИ

Ждет с утра тебя обнова,
Поздравляю — будь здорова!.

Что сказать еще, не знаю,
Что не так — за все прощаю!

Много пройдено пути...
И меня за все прости!..

ОТ СОРАТНИЦ И ПОДРУГ

Пришла пора отметить дату славную —
Они, года, текут, как ручеек!
Мы поздравляем Вас, подругу нашу давнюю,
И пьем, конечно, нынче не чаек!

И всё-то Вы летаете, порхаете,
Забот своих раскручивая ось,
Похоже, жить Вы только начинаете,
Так дай Вам Бог, чтоб все у Вас сбылось!...

ТЕЩИНЫ ИМЕНИНЫ

Без сомненья, день рожденья —
Самый лучший день в году.
Я пришел из уваженья
И потом еще приду.

И замечу, слов не тратя,
Ваша участь такова:
Одного хватило б зятя,
А тут сразу — целых два.

Зато в праздник, честь по чести, —
Юбилей, не юбилей —
Оба разом сядем вместе,
Вдвое будет веселей.

Да и нам гораздо проще
(На мужской на свой резон)
Вместе сетовать на тещу,
Вместе сетовать на жен.

И потом, всё по порядку
Обсудивши — то и сё,—
Я б сплясал для Вас вприсядку,
Он бы — как-нибудь еще.

Мы и спеть, конечно, сможем,
У меня, к примеру, бас...
Вы бы сделались моложе
Среди этаких проказ.

Так что очень подходяще —
Можно трех зятьев иметь!
Собирайте их почаще,
Чтоб совсем помолодеть...

На такие угощенья!
Лишь скажите — я приду!..
«К сожаленью, день рожденья
Только раз в году».

ЮНОМУ ЮБИЛЯРУ — ПО СЛУЧАЮ ПЕРВОГО ДЕСЯТИЛЕТИЯ СО ДНЯ РОЖДЕНИЯ

За столом сидим в гостиной —
Юбилей справляем чинный.

Кто причиною тому,
Понимает, что к чему:

От макушки и до пяток
Нынче лет ему — десяток.

И мы все, горя от жара,
Поздравляем юбиляра!

Оглашаем телеграмму:
«Слушай папу, слушай маму.

Кушай кашку, суп с лапшой,
Будь здоров — расти большой!»

ДЕТСКОЕ ПОЗДРАВЛЕНИЕ

Знаю я стихотворенье,
Рассказать его готов:
Поздравляю с днем рожденья
И дарю букет цветов!..

В душе волненье и смятенье,
Я радость вовсе не таю:
Спешу сегодня с днем рожденья
Поздравить бабушку свою.

Стишок написан, все готово,
Бери же, бабушка, читай:
Живи сто лет и будь здорова,
Сто лет не кашляй, не чихай!

Ю. Орлов

Ты сказать желаем прямо —
Что придумаешь еще!
Будь здорова, наша мама,
Поздравляем горячо!

И желаем мы, как дети, —
Век остаться бы детьми!
Чтобы ты была на свете,
И с тобою рядом — мы!

НАДПИСИ НА ПОРТРЕТАХ

Года уходят, в дымке тая,
Но тем и дорог сей портрет,
Что это — мама молодая,
Когда всего ей... двадцать лет!

Забытых черт портрет хранитель —
Мол, был такой-то удалец!
А на портрете мой родитель,
Высокочтимый мой отец!

Гостям сегодня счету нет,
Альтернативы тоже нету:
Поднимем чарку — за дуэт,
Любуясь вот на пару эту!..

За этот дом — чтоб все в нем ладно было,
Чтоб впредь нужда не встала на порог,
И чтоб судьба судьбе благоволила
И в самый даже пасмурный денек.

Чтоб здесь витали благостные вести
Под перекличку дружеских тостов
И чередой звенели в доме песни
Созвучным хором наших голосов!

Еще нам пламенно гореть,
Свои мы души не остудим,
И тем мудрее будем впредь,
Что вовсе стариться не будем!

Промчится время — конь-Пегас,—
Того коня мы не стреножим!
Зависит пусть не все от нас,
Но и от нас — немало тоже!..

Живите праведно и мудро!
Стоять Вам крепко на земле,
Чтоб, словно солнечное утро,
Сияла радость на челе!

Чтоб не была душа в истоме,
И стати чтоб не увядать,
И в хлебосольном вашем доме
Чтоб гимны пела благодать!

Здоровы будьте и бодры,
Чтоб, избегая хмурости,
Не знать ни хвори, ни хандры,
Тем более — сутулости!

Чтоб полновесные года,
А не «свечи огарочки»
Давали повод иногда
Поднять по полной чарочке!..

Минувших лет вернуть едва ли,
Но пусть иной наступит срок,
Чтоб, утолив свои печали,
Затеплить в сердце огонек!

Чтоб, день свой нынешний встречая,
На непогоду не роптать,
А щедро жить, души не чая,
Чтоб, отдавая, обретать!..

На добрую память

К ДАРУЕМОЙ ЭЛЕКТРОБРИТВЕ

В судьбу вплетая дни, как нити,
Не позабудь о прежней прыти.

Резво бегай в гастрономию...
Брей свою физиономию!

Мы не тужим, не робеем,—
Свои морды тоже бреем!

НА КНИГЕ НРАВОУЧЕНИЙ ГОСПОДИНА КАРНЕГИ

Познав азы житейской неги,
Живи, как жить велит Карнеги!
Но лично б я к сему добавил
Одно еще из частных правил:
Жить с удачею не врозь,
Положившись на... авось!

ПРИЯТЕЛЮ НА КНИГЕ «ЛУКА МУДИЩЕВ»

Лука — отменный был гуляка,
Но знаю я: по части чар
С ним потягался бы, однако,
И ты, испытанный «гусар».

Тебе ли быть не кавалером
Средь многоопытных мужей?! —
Ведь ты Луки не только... «телом»,
Но и собою не хужей!..

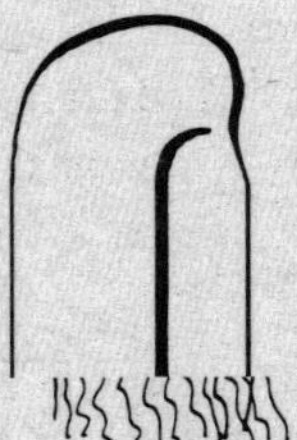

По самой сути

И с Вами мне не по себе,
И одиночество не слаще:
Вы для того в моей судьбе,
Чтоб моё сердце билось чаще!..

Уже я Вам почти что брат
Своим пристрастием досужим,
И даже — чувства говорят —
Вам быть готов — почти что мужем!..

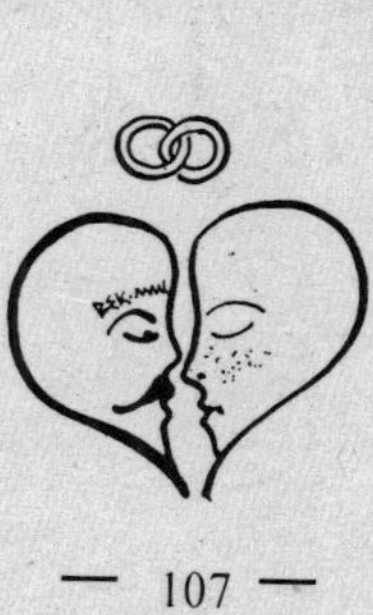

Сопроводительная записка

Даря трусы своей прекрасной даме,
Я буду прям в признаниях своих:
Мол, быть тебе — с нарядными трусами,
Хоть ты мила мне — и без таковых!..

Пусть торопятся быстрые годы,
Мы душой не стареем ничуть.
Позабудь про былые невзгоды,
Лишь хорошее всё не забудь!..

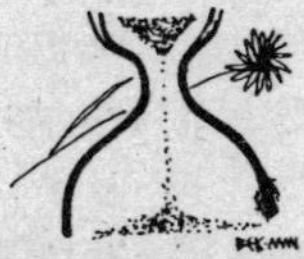

В минуту редкостных свиданий
На новом в жизни рубеже
В знак дорогих воспоминаний —
До боли родственной душе!..

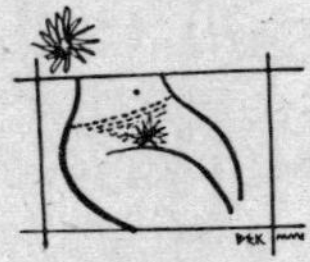

СОПРОВОДИТЕЛЬАЯ ЗАПИСКА К ДАРУЕМОМУ КОШЕЛЬКУ

С намеком дарит соплеменник
Сие вместилище для денег:
Чтоб в нем носить могла мадонна
Всегда не меньше миллиона!..

Свой крест, увы, неся послушно,
Нам не вернуть всего назад —
Прости, мой друг, великодушно,
Коль был я в чем-то виноват.

И хоть нисколько не серчаю,
Без всяких прочих выкрутас
Я сам за всё тебя прощаю
В прощальный самый этот час!

Друг перед другом мы в ответе,
Пусть чья-то скроется стезя.
Ты только помни, что на свете
Есть настоящие друзья!..

ПОКАЯНИЕ ПРЕД ДАМОЙ СЕРДЦА

У меня сомненья нет и тени:
В искупленье собственной вины
Упаду пред Вами на колени
И сниму решительно... штаны.

Бейте, не жалеючи, по заду
(Где-то ласку про запас держа),
Ведь от Вас и кару, как награду,
Я приму покорно, Госпожа!..

Чтоб доверье прежнее вернулось
И, обиды напрочь устраня,
Непременно что-то шевельнулось
Там, внутри у Вас... и у меня!

В СОБСТВЕННОЕ ОПРАВДАНИЕ

Во всех грехах меня вините,
Но честь своя мне дорога:
Пусть я не ангел, Ваш хранитель,
Но Ваш — покорнейший слуга!..

МЕДСЕСТРИЧКЕ ПРОЦЕДУРНОГО КАБИНЕТА

Своей не чувствуя вины,
Пред Вами я... снимал штаны.

Все это делалось интимно,
И очень жаль, что — не взаимно!..

Нелегок путь к заветному венцу —
Быть Королевой среди прочей рати,—
И пусть «корона» будет Вам к лицу
И сам Король окажется Вам — кстати!..

ОТ ИМЕНИ

Я Вас целую без обиняков,—
Ведь наши чувства к Вам чисты и не́жны,
И Вам привет большой от «мужиков»,
Кто озарен сиянием Надежды!..

Пусть жизнь течет натруженными днями,
Пусть впереди — неведомый рубеж,
Вы в днях грядущих оставайтесь с нами
В надеждах наших — лучшей из Надежд!..

ГАРМОНИСТУ-БАЯНИСТУ

Не гость, так гвоздь всех чинных церемоний
И всех торжеств участник коренной,
Ты при гармони — словно при погоне,
И жизнь твоя — в гармонии сплошной!..

Мне хорошо с тобою, брат,
Былое вспомнить вместе
И выпить грамм по пятьдесят,
И коль пойдет — по двести!..

К ЗОНТИКУ-ПОДАРКУ

Разрешенья дождь не просит,—
Мудр тот, кто зонтик носит.

Оный ближнему дарящий,
Есть всегда — впередсмотрящий!

И не тем лишь, кто пижон —
Зонтик всякому «нужон»!..

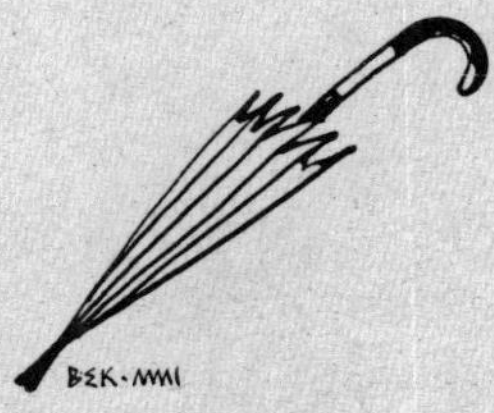

КОММЕНТАРИЙ-ПОДСКАЗКА НА ЭКСКЛЮЗИВНЫЙ СЛУЧАЙ

Что дарить? — Вопрос непростенький,
Когда некогда «годить»...
А любезной нашей «тетеньке»
Нам хотелось угодить.

Никакие мы не жмотики
И безмерно любим Вас,
И как нечто — для экзотики —
Вам припёрли... ананас!

ОТЪЕЗЖАЮЩЕМУ «ОТДЫХАЮЩЕМУ»

Он, конечно, уже не молоденький,
Только чувств не остыл кипяток...
Что ж ты нас покидаешь, Володенька?!
Обожди дней хотя бы... пяток.

Иль дела тебя ждут не пустяшные,
Или просто — с казенных-то щей —
На харчи потянуло домашние
И к жене... не чужой, а своей?!

В ЗНАК БЛАГОДАРНОСТИ

Идут везде эксперименты
В сей исторический момент,
И вместо жалоб — комплименты
Писать додумался клиент.

И, в том не видя перегиба,
Он начертал слова не вдруг:
Мое сердечное спасибо
Таким служителям «услуг»!..

Уже он близок, женский день

Когда глаза прозрели у Адама
И он, немало изумленный сам,
Узнал о том, что Ева — это дама...
Тогда мужчиной сделался Адам!

С тех самых пор, не зная середины,
Мир поделен на женщин и мужчин...
Себя находят в женщинах мужчины,
Не позабыв адамовый почин.

Звезда любви, звезда надежд светила,
Пусть жизнь была жестока и груба...
И прославлялась вновь мужская сила
Не потому ль, что женщина слаба?!

Не потому ль, что где-нибудь под крышей
Единственная женщина ждала,
Мужчина ростом становился выше
И совершал великие дела?!

И уж совсем не стоит удивленья,
Что в женщине — земной и неземной —
Поэты все искали вдохновенья,
Как жаждет влаги раскаленный зной.

Вот потому есть веские причины
Заметить так от имени мужчин:
Себя находят в женщинах мужчины,
Не позабыв адамовый почин!..

ЗДРАВИЦА

Славный день — 8 Марта!..
Знает каждый карапуз:
Предпочтительная карта
Нынче «дама», а не «туз».

И на Бога мы не ропщем —
Не в обузу для мужчин
Этот солнечный, всеобщий
Праздник женских именин!

Поздравленья, лобызанья...
И куда девалась лень?!
Разве только «обрезанья»
Не допустим в этот день!..

Где-то горько, где-то сладко,
Ведь любовь — почти что спорт.
Если женщина — загадка,
Значит, две — уже кроссворд.

Мы, конечно, их уважим,
Сложим новые стихи,
Чтобы старые тотчас же
Нам простилися грехи.

И уж как бывает жарко,
Так, что съежится душа:
Где-то ждут от нас подарка,
В магазинах — ни шиша!

И все ж день сегодня светел
Среди многих наших бед:
В многоликом разноцветье
Чудный видится букет.

И смотрю я, сердцем млея, —
Свет в окошке не померк!
Что ни женщина, то фея,
Настоящий фейерверк!..

Пусть «обвенчан» и «развенчан»,
Только вновь душою всей
Обожаю милых женщин
И в особенности — фей!

И могу ль я жить иначе,
Не вздыхая ни о ком,
Если я родился зрячим
И к тому же — мужиком?!

И сказать хочу я в общем
Так от имени мужчин:
Нет, на бога мы не ропщем,
И да здравствует всеобщий
Праздник женских именин!

КОНСПЕКТ ДЛЯ ВЫСТУПЛЕНИЯ К ЖЕНСКОМУ ДНЮ 8 МАРТА

Весна — пора тепла и света,
Пора волнения в крови,
И пусть мои слова привета
Звучат признанием в любви.

И я с усердием не меньшим —
Без всякой скидки на недуг —
Расцеловал бы всех вас, женщин,
Как боевых своих подруг.

Такое к вам расположенье,
Поскольку ясно без прикрас —
Мужское наше заведенье
Чего бы стоило без вас?!

Без золотых без наших рыбок —
Ведь это все не ерунда! —
Без ваших солнечных улыбок
И кропотливого труда...

Кипят дела в библиотеке,
Функционирует финчасть...
И уж порядок — как в аптеке,
Поскольку женская там власть.

И у мужчин — в том нет подвоха —
Хочу сказать наверняка:
Дела идут не так уж плохо,
Коль рядом женщины пока.

И мы опять вас в помощь кличем,
И разве наша в том вина,
Что вас мы тоже омужичим,
Когда обабимся сполна.

Вот почему мы так пылаем,
Сгораем чувственным огнем
И горячо вас поздравляем
С Международным женским днем!..

Весна — пора тепла и света,
Пора волнения в крови,
И эти пусть слова привета
Звучат признанием в любви.

И сам к кому-то особливо
Я подобью сегодня клин...
По порученью коллектива,
То есть от имени мужчин!

КОЛЛЕКТИВНОЕ ПРИВЕТСТВИЕ

Уважаемые дамы!
Сестры, тещи, жены, мамы!..
Мужики полны азарта —
День грядет Восьмое Марта!

Да, немало сей черед
Доставляет нам хлопот.

Но и нынче у мужчин
Нет причины для кручин,
Потому как честь по чести
Праздник мы отметим вместе.

Приголубим женский пол,
К вам спешим — готовьте стол!..

Дарят женщинам букеты,
Дарят женщинам духи,
Дарят женщинам поэты
Сладкозвучные стихи.

Дарят лучшие обновы,—
Только что там говорить,
Если мы себя готовы
В этот день им подарить!..

ПОДАРОЧНЫЕ ЗАБОТЫ В ГОД БЫКА (СТИХОШУТКА)

Довлеет год Быка над нами:
Что подарить, к примеру, даме?

И вот... Среди других мужчин
Вплываю в женский магазин.

И в сердце теплится надежда,
Читаю надписи: «Одежда».

Пальто, плащи, жакеты, блузы,
Чулки, бюстгальтеры, рейтузы...

На всякий вкус!.. Но гаснет вера —
Увы, не ведаю размера!

И почему б в наш век «химерный»
Не сделать лифчик безразмерный?!

Но тут же новая идея:
Иду в отдел «Галантерея».

Ищу особого предмета...
Все близко где-то, а не это!..

Ю. Орлов

Прекрасен вазы блеск хрустальный,
Но только... не оригинально!

Цепочки, броши — безделушки!
Платок — подарок для старушки!..

Уж продавец кривит улыбку:
«Не золотую ли Вам рыбку?..»

Меня же мучает досада —
Мол, есть одна, другой — не надо!..

Чего б купить наверняка?..
И вдруг я вспомнил — год Быка!

Выходит, волею природы
Теперь мы все животноводы.

И, как простая жизни проза,
Мне запах вспомнился... навоза.

Конечно, проза — не стихи...
И я решил: «Куплю духи!»

Понятна логика вполне:
Приятно ей, приятно мне!

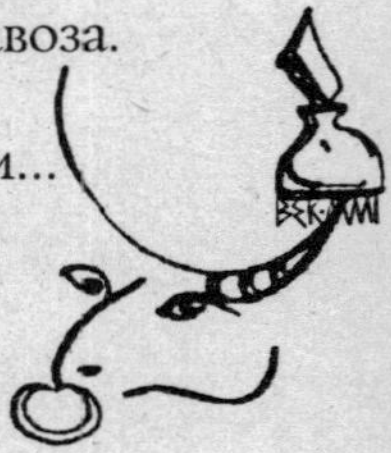

НА ОТКРЫТКУ К ЖЕНСКОМУ ДНЮ

Пусть запоздали дни весенние,
Но и в тоске по этим дням
Нас посетило вдохновение —
Благодаря, конечно, Вам.

Оно пришло как озарение,
И души вспыхнули огнем:
Примите наши поздравления —
Как знак любви и уважения —
С Международным женским днем!

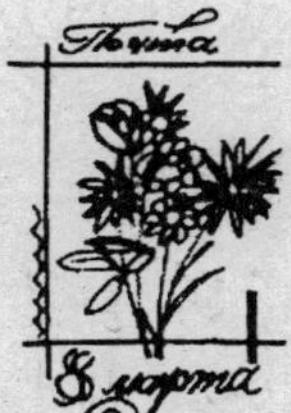

Не отмели еще метели,
Не отшумели до конца,
А наши души потеплели,
И посчастливели сердца.

Пускай зима полна азарта —
Весна пришла сегодня к нам —
Ведь в женский день Восьмое Марта
Вы наше солнышко, мадам!

Для поздравлений есть причины,
И я пишу, отбросив лень,
Поскольку знают все мужчины:
Восьмое Марта — «бабий» день.

Слова привета направляю —
Пусть добрый ценится почин —
И поздравляю, поздравляю!..
Совсем не ради лишь причин.

Ю. Орлов

Пусть еще не запел соловей,
Не слышны его звонкие трели,
Но уже на душе веселей
Под весенние звоны капели.

И тебе, дорогая моя,
С пожеланием счастья земного
Я готов заменить соловья
И, быть может, кого-то другого!

ПОКАЯНИЕ В ЖЕНСКИЙ ДЕНЬ

Поздравить вас собрался я не вдруг,
И думаю о вас, конечно же, немало.
Но все-то, вроде, было недосуг,
И времени как будто не хватало.

И всё вот так: идет за годом год,
То те, то эти нас теснят невзгоды.
И некогда бывает нам вперед
Предвидеть что-то даже на полгода.

Вот и теперь... я не заметил сам
(И оттого мне холодно и жарко),
Что к женскому-то дню любимым — вам —
Я даже не успел купить подарка.

Но будет вам подарок, а пока...
И сам, признаться, я смущен немного.
И вы меня простите, чудака,
И уж, конечно, не судите строго!

Не хочу, мой друг, лукавить,
Но хочу предупредить:
Я готов тебя поздравить,
Не готов пока — дарить!..

Испытай свое терпенье —
Не ударю в грязь лицом:
Вот мое стихотворенье,
Остальное все — потом!

НА ОТКРЫТКУ С ИЗОБРАЖЕНИЕМ КОТА

Тебя приветствовать готов
Один из племени котов,

Которых стоит лишь покликать —
Они тотчас начнут мурлыкать.

Ведь есть — известны их черты —
Вполне приличные коты.

Хоть остается произнесть:
Коты — они коты и есть!

И ты подумай неспроста —
Не надо ль кисоньке «кота»?..

РАБОТНИЦЕ ОБЩЕПИТА В ЖЕНСКИЙ ДЕНЬ

Есть радость в супе и в котлете,
И Вам дано ее дарить —
Ведь мы для Вас почти что дети,
Которых надо прокормить.

В порядке наши аппетиты,
Но всякий раз, явившись к Вам,
Мы все, конечно, будем сыты
Улыбкой Вашею, мадам.

И Вам желаем в день чудесный,
Не поручась за свой рефлекс,
Быть и не кислой, и не пресной,
А аппетитной, как бифштекс!..

ЖЕНСКОЙ ЧАСТИ ШКОЛЬНОГО ПЕДАГОГИЧЕСКОГО КОЛЛЕКТИВА

Пусть дамское счастье не ми́нует вас
И в частностях малых, и в целом,—
О милые женщины, радуя нас,
Цветите душою и телом!

Храни вас судьба от потерь и от бед!
Пусть всё будет так, не иначе:
Желаем еще вам на уймищу лет
Здоровья, любви и удачи!

Чтоб радостны были — и школьный звонок,
И классов родные пенаты,
И чтобы директор не слишком был строг,
И чтобы — хорошей зарплаты!

МИЛОВИДНОЙ КАССИРШЕ

Все знаем мы твое оконце,
Ах, ненаглядный ангел наш!
Ты луч надежды, наше солнце
И повелительница аж!..

Твою завидевши фигуру,
Услышав твой зовущий глас,
Закроем грудью «амбразуру»
И сей же миг, и сей же час!

«ДЮЙМОВОЧКЕ»-КАНЦЕЛЯРИСТКЕ

В комнатенку глухую, как в клетку,
Посадили, держа взаперти, —
Так и хочется дать ей конфетку,
Чтоб могла утешенье найти.

Только что от запоров-то толку!
Сообща мы за ней приглядим:
Мы такую не выдадим волку,
Мы такую... и сами «съедим».

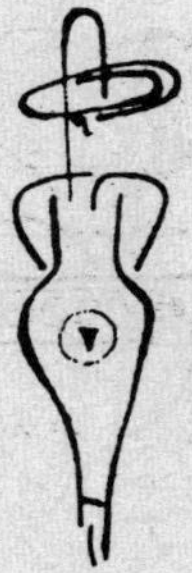

НА ОТКРЫТКУ

Влекомый к женщинам, как к зелью,
Явив своей натуры ширь,
Я посещаю Вашу «келью»,
Как настоятель — монастырь.

Что надо женскому сердечку!..
И пусть не мечу в женихи,
Когда-нибудь поставлю свечку
За наши общие грехи!

Я Вас приветствую, любезная мадам!..
При этом сам спешу заверить кстати,
Что в стороне далекой — даже там —
Не остудил я дружеских симпатий.

Ведь мы друзья — чего ж сказать еще!..
Хоть в душ родстве есть нечто даже больше.
И потому — целую горячо, —
Тем горячей, чем не видались дольше!

Желаю, чтоб от хмурого денечка
Судьба тебя незримо берегла
И вкруг такого нежного цветочка
Еще бы клумба целая была!

И был бы сад размеров преогромных,
Где б жизнь благоухала и цвела,
И в том саду был бережный садовник,
Кому бы ты довериться могла!..

Привычно времечко течет,
В страде теряясь суетливой,
И, свой ведя событьям счет,
Не позабудьте быть счастливой!

Пускай весна волнует кровь,
Журчат ручьи, звенят гитары,
Пусть Вам сопутствует любовь
И не увянут Ваши чары!..

Если можно, не судите строго,
Приоткрыв завесу в полумрак:
И всего-то помнится немного,
Зато сколько сделано не так!..

И о том немногом памятуя,
Открывая взору новый мир,
К сожаленью, вместо поцелуя
Я дарю Вам этот сувенир.

Хоть моя взволнованная лира
Шепчет снова: «Чувством не торгуй!»
Два пусть будут сразу сувенира —
Оный тот, и жгучий поцелуй!..

НА ПОСТСКРИПТУМ

С тобою мне давно все ясно:
Ты для меня всегда прекрасна!

И если сердце не остудишь,
То впредь еще прекрасней будешь!..

Не расточая лишних слов,
Я Вам дарю букет цветов.

Желаю быть прекрасной даме
Еще прекраснее — с цветами!

САМО ОЧАРОВАНИЕ

Где же Ваши Короли?
Вы прекрасны, Натали!

Ваши волосы атласны —
Вы прекрасны, Вы прекрасны!..

Упивался б Сологуб
Алым соком Ваших губ.

Сам воспел бы Мефистофель
Ваш такой чудесный профиль.

И Нерон бы занемог
Возле Ваших стройных ног.

За пленительные ушки
Вас бы в жены выбрал Пушкин.

Став мишенью для Дантеса,
Он сказал бы: «Вы — принцесса!»

Обнял нежно бы за талию,
Вдохновился б... И так далее.

Но скажу я, не тая:
Ваш Король пусть буду — я!..

Подари улыбку, Нина,
Радость сердцу подари:
Я ведь все-таки мужчина,
Что ты там ни говори!

И, томяся в думе грешной,
На тебя бросаю взгляд,
В мимолетности поспешной
И тому отчасти рад.

Ни на что не претендую,
И на что претендовать?!
Разве только... поцелую, —
Ведь нельзя не целовать!..

Всем девчонка нравится,
Посмотреть — картина,
Тонкая красавица
По имени Марина.

Чувствую, не справиться
Мне с собой отныне,
Сам хочу понравиться
Этакой дивчине.

Вьюсь вокруг да около
Вечером и днем:
Хочешь — стану соколом,
Хочешь — соловьем!..

Только, видно, скоро же
Превращусь — ей-ей! —
Я в ночного сторожа
У ее дверей.

Мо́ря ширь, корма, каюта —
Вот и всё, коль суши нет.
Только есть еще минута,
Называется — обед.

В ту особую минуту,
В тот условленный часок
Вижу я всегда Анюту,
Что сидит наискосок.

И в душе — благоуханье,
Мне уже не до котлет...
Ведь хожу я на свиданье,
А совсем не на обед!

Наступила пора расставанья,
Говорю, безгранично скорбя:
До свидания, милая Аня!
Больше я не увижу тебя.

Вот и все твои кончены стрессы —
В том уже несомненный прогресс,
Для меня же с потерей «принцессы»
Только лишь начинается стресс.

Судьбы наши расходятся круто,
Их не свяжешь уже в узелок.
На кого покидаешь, Анюта?
Вспоминай иногда, ангелок!..

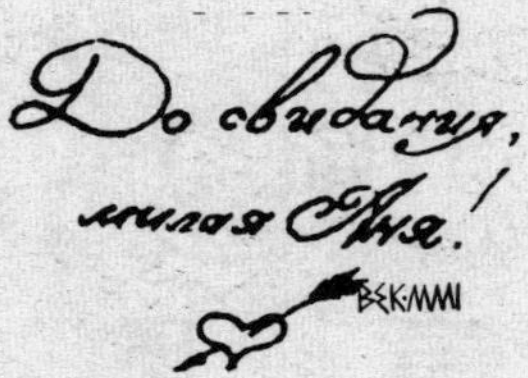

Мои чувства на пределе
Иль в меня вселился бес?!
Никогда еще доселе
Не влюблялся в стюардесс.

То ль улыбка подкупила,
То ль сама ее краса,
Но неведомая сила
Так и тянет в небеса.

Не унять, как видно, душу —
Есть ли этому предел?!
Все смотрел бы на Катюшу,
Все летел бы и летел!..

Как хорошо, что Вы присели,
Как хорошо, что Вы пришли!..
И нет ни умысла, ни цели,
Лишь есть восторг моей души.

Душа, она всегда мятежна —
Была б судьбы благая весть!
А тут сама пришла Надежда,
И вот — изволила присесть...

Как Божий дар приемлю это,
Боясь задуть сиянье свеч,
Но грешный разум све́рлит где-то:
С такой неплохо бы прилечь!..

Я не зря смотрю влюбленно.
И почти уже влюблен:
Чем Вы, право, не Мадонна
С ликом царственных икон?!

Вся картинная такая
В непохожести манер —
Превосходней, чем Даная,
И пленительней Венер.

Потому — хожу, глазею, —
Экий ангел во плоти!
Приписать бы Вас к музею
И в смотрители пойти!..

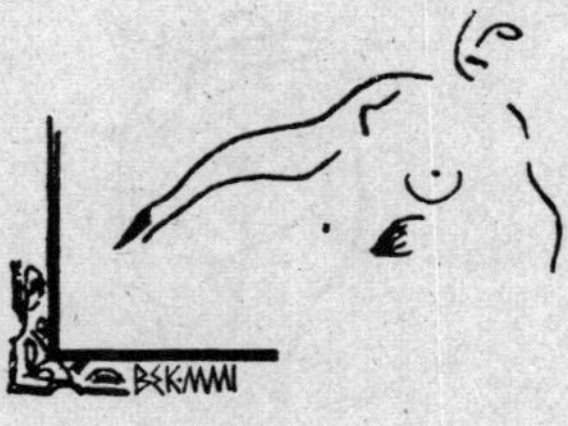

Мне будут памятны, как вехи,
Мгновенья памятной весны:
Твои заливистые смехи,
И супермодные штаны!

Покуда с нами наши годы, —
Как ветер в парус кораблю, —
Пускай звучит тот клич свободы:
«Кого хочу — того люблю!..»

Все нипочем свободной даме,
Вполне имеющей успех.
Но только... модными штанами
Не наводи меня на грех!..

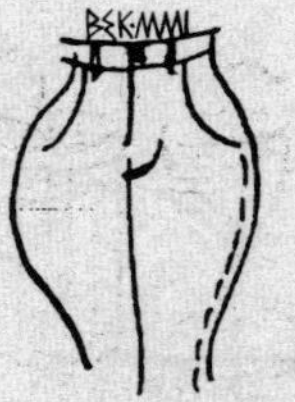

Жизнь не простая,
Смысл — простой:
Ты холостая,
Я — холостой.

Что б нам не вместе
Век коротать? —
Выпьем по «двести»,
Станем пытать:

Много ли прока
В жизни кому —
Быть одинокой,
Быть одному?!

Ю. Орлов

Ах, какая ты певунья!
Песней головы кружи́шь.
Не певунья ты — колдунья,
Не поешь, а ворожишь!

Был бы вечер наш чудесен,
И, в постель кося свой взгляд,
Мы бы спели столько песен,
Сколько б выпили подряд.

Пожалею ворожею —
Что помягче подложу,
А уж после — как умею —
Я и сам «поворожу»!..

Вот так случай! Было б лучше
Без такого случая...
Я ли очень невезучий,
Ты ли невезучая?

Может, сами мы удачу
Собственную сглазили,
Или просто — не иначе —
Шибко напроказили?

Только ты себя не мучай,
Я себя не мучаю.
Заходи-ка, выпьем лучше
По такому случаю!..

И почему б мне не признаться Даме,
Не покривив в сердечности речей:
Я очарован Вашими ча́ями
И колдовскими чарами очей!

Вот потому неровно сердце бьется,
Когда спешу, как будто невзначай,
На рандеву, которое зовется:
К неотразимой женщине — на чай!

И так ее и эдак величая,
Все ближе приобщаючи к тому,
Что может приключиться после чая,
О чем мы не расскажем никому!..

Вздох досады, как отрава,
Что не мил и свет:
Заглянуть хотел в глаза Вам,
А гляжу лишь вслед.

Да и как же по-другому,
Если чую враз,
Как затягивает омут
Ваших чудных глаз.

В них и впрямь, как мне казалось,
Можно утонуть,
А всего-то лишь осталось
Охнуть и вздохнуть!..

Словно пахари за плугом, —
Каравай мой, каравай!..
Друг за другом ходим кру́гом
Я, она... и Николай.

Свои мысли напрягаю:
Кто кому — поди узнай!
Я ль помощник Николаю,
Мне ль помощник Николай?...

Только чтоб, поднявши по́ «сто»,
Нам не стало тесно вдруг,
Надо сделать очень просто:
Надо сделать — шире круг!..

Нет другой такой на свете:
Как в святые образа,
Все б смотрел с восторгом в эти
Удивленные глаза!

Не о том пускай толкую
И шуткую невпопад, —
Все равно тебя такую
Был узнать я очень рад.

Стану век, душой сникая,
Вспоминать тебя с тоской,
Потому что ты — такая!..
Потому что я — такой!..

О да!.. Я с возрастом не меньшей
Любовью к женщинам горю,
И Вас, милейшую из женщин,
В душе вдвойне боготворю.

И мыслью занятый одною,
Боясь всецело воспылать,
Я обхожу Вас стороною,
Чтоб головы не потерять.

А там уже гнездятся черти,
Волнуя сердце вновь и вновь...
«Гусару» бедному поверьте
И не судите... за любовь!..

В ЗАСТОЛЬНЫЙ ЧАС О САМОМ ГЛАВНОМ

Любовь, любовь!.. Какая же в ней сила,
Что столько раз нас окрыляла вновь!
Любовь с ума нас запросто сводила,
И научила мудрости — любовь.

В сердцах двоих незримо возведенный,
Во все века — до нынешней поры —
Любовь, как мост над пропастью бездонной,
Соединяет хрупкие миры.

Она приходит, словно озаренье,
И вдохновенье нам являет вновь...
Творцы любви — мы сами от рожденья,
Во все века — да здравствует любовь!

ЗДРАВИЦА

За слабый прекрасный пол,
За светлые наши лица,
За дружеский этот стол,
Где нам хорошо сидится!

За пыл, что еще не угас,
За омут любови жгучей
И все, что еще при нас, —
Хотя бы на всякий случай!

За вечный души пожар,
За нашу мужскую «марку»,
За прелести женских чар —
Да можно ль не выпить чарку?!

За то, чтоб голос не был глуше,
Чтоб не застыла в жилах кровь,
Не зачерствели наши души —
Поднимем чарку — за любовь!

Я пью за Вас, о женщина, о фея!
Не потому, что выпить я горазд:
Я пью за Вас, душой благоговея,
Входя в экстаз!.. Итак, я пью — за Вас!..

Адамов «грех» не только мне завещан...
И вот он я — хоть выньте потроха,
Но обожаю до безумья женщин!
И в том как раз не ведаю греха.

И кто б я был, и что б я в мире значил
Без женских ласк, без сладострастных грез,
Коль сам Господь сподобил, предназначил
Мне сей удел, не обозначив доз?!

И я издавний тост провозглашаю:
За дам прекрасных в дружеском кругу —
За тех, кого не просто обожаю,
А без кого и жить-то не могу!..

Жизнь была бы, конечно, пуста,
Будь она красотой не отмечена.
И когда говорят — красота,
Мне всегда представляется женщина.

Нет, того не остудится кровь,
Кто в красе не остался невеждою.
Там, где женщина, там и любовь,
А с любовью — и вера с надеждою.

Это самый большой капитал,
Что не сам по себе обеспечится...
И я свой поднимаю бокал
За прекрасную часть человечества!

За тех, что до́роги и ми́лы,
К кому влечет любовь сама!..
Вот дай-то Бог мне только силы
Сойти хоть раз еще с ума!

И, свой исполня долг первейший,
Во весь, что есть, поднявшись рост,
За наших дам, за милых женщин
Я поднимаю этот тост!

Пусть мне, грешному, рай не обещан,
Но хочу пожелать не тая,
Чтоб достало хорошеньких женщин
Для таких «непутевых», как я.

И поскольку не быть нам святее,
Мы за них «окаянную» пьем,
Чтобы сделалось сердцу теплее,
Чтоб хоть нынче все было путем!..

За тех, кого здесь меньше,
За пол, который слаб...
Мой тост — за милых женщин!..
Итак, друзья, — за баб!

Я пью за то, что нас сплотило,
И за любовь, что в нас жила,
Чтоб не забылось все, что было,
И был бы я, и ты была!

О НЕКОТОРЫХ НЮАНСАХ ВЗАИМООТНОШЕНИЙ «ЗНАКОВЫХ ФИГУР»

Похоже, я в оценке Рака
Не Козерог, а просто — бяка.

И в зеркала отныне с дрожью
Смотрю на морду Козерожью.

Но скрыта суть зловещим мраком:
Как возле Рака быть не «раком»?!

И нынче нам что-то обещано,
И выпить есть много причин:
За «долгожданную» женщину,
За терпеливых мужчин!..

ТОСТ СУГУБО ЖЕНСКИЙ

И есть — не свят, и нет — беда!
Печали новые изведав,
Куда мы денемся, куда —
От них, проклятых сердцеедов?!

И потому на дамский лад,
Оставив скепсис и кручину,
Позвольте тост, как говорят, —
За образцового мужчину!..

ТОСТ СУГУБО МУЖСКОЙ

В том вожделенье мужика,
Чтоб нас красавицы любили,
Чтоб не смотрели свысока,
Когда б у нас наверняка
И... чуб торчал, и деньги были!..

ТОСТ «ГУСАРСКИЙ»

Чтоб примечали нас голу́бки,
Чтоб доверяли жребий свой
И чтоб — как надо — возле юбки
«Вставал» надежно «часовой»!

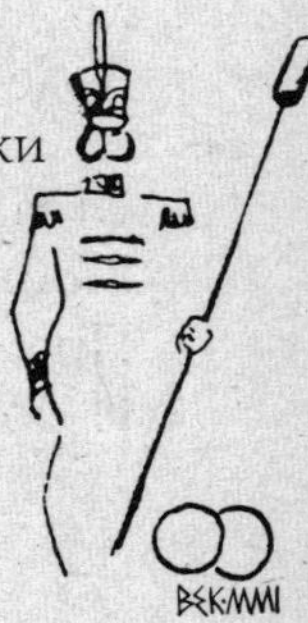

ТОСТ ОТЧАЯННЫХ ДАМ

Чтоб мы в любви, как в золоте, купались
И сад желаний чтоб не запустел!
Пусть плачут те, кому мы не достались,
И сгинут те, кто нас не захотел!..

Нас не остудит жизни осень,
И, души снова теребя,
Мы о годах себя не спросим,
Надеясь, веруя, любя!

Страдая, мучаясь, ревнуя,
В объятьях времени-реки
Про осень жизни памятуя
И поступая — вопреки!..

ПОЛОЖА РУКУ НА СЕРДЦЕ

Чтоб вдруг не впасть в немилость Божью!..
Чтоб, к нам стучась нежданно в дверь,
Не обернулась правда ложью,
Удача — горечью потерь!

Чтоб, заплатив большую цену,
Себя раздевши донага,
Не получить взамен — измену,
И в назидание — «рога»!

Чтоб не томила сердце мука
И чтоб, пытая чувства вновь,
Была б недолгою разлука,
И бесконечною — любовь!..

ДЛЯ ТОЙ, ЧЬЕ ИМЯ ВСЕХ ПРЕКРАСНЕЙ

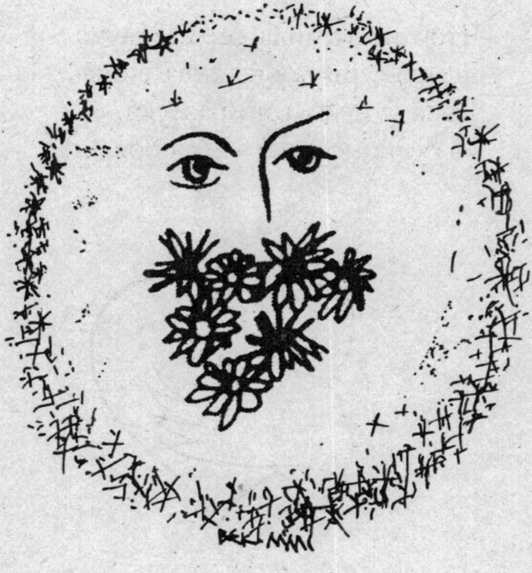

Ю. Орлов

Давно весны минули сроки,
Но я узнал минувшим днем:
Весна — в глазах твоих глубоких
И даже в имени твоем!

И я зову в пылу азарта:
Не погаси того огня,
Мой миг весенний, Марта, Марта!
Спаси от осени меня!..

Живет на свете Света
В заботах и трудах,
И нет в делах просвета,
Не жизнь, а просто — ах!..

И я гляжу на Свету,
Досады чуя вздох:
И есть она, и нету...
Не Света, просто — ох!..

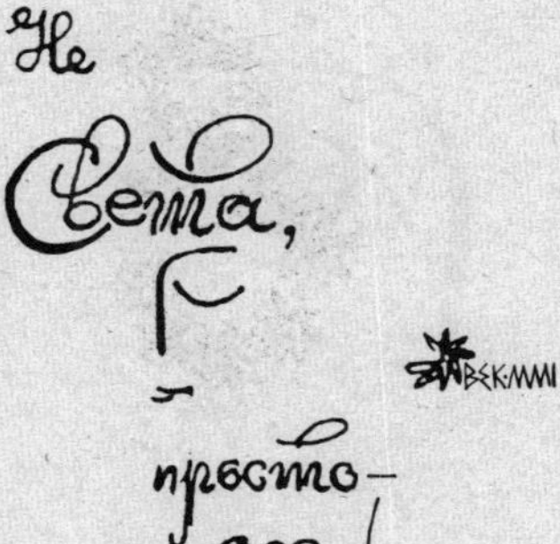

В глазах твоих не нахожу ответа
На тот вопрос, который задаю:
Ведь не затем же ты зовешься — Света,
Чтоб затуманить голову мою?!

Еще и сам я многое не знаю,
В вечерний час бывая тих и нем,
Но вновь и вновь в глазах твоих читаю
Лишь предпосылки новых теорем!..

Песня «лебединая»,
Ты еще не спета:
Будет песня длинная,
Если лебедь — Света!

Есть в судьбе отметины
И — по всем приметам —
Песни те и эти мы
Пропоем дуэтом!..

Ю. Орлов

Постичь сполна б искусство компромисса:
Душой стремясь в заоблачную высь,
Увы, увы!.. Мы чувствуем, Лариса,
Как тянет тело нас обратно — вниз.

Высоких сфер поэзиею дышим,
Вновь вдохновенья чувствуем подъем,
Но дело в том, что, забираясь выше,
Мы только лишь больнее упадем!..

Ты все земные, не святые,
Мирских желаний не отвесть,
Но в светлом имени — София —
Святое, право, что-то есть.

Мурашки чувствую, как в стужу,
Свой взгляд стыдливо пряча вниз...
Храни Вас Бог на верность мужу,
Моя пленительная мисс!..

Посмотрела, слова не сказав,
Взгляд один — ни смеха, ни печали.
Только те волшебные глаза
В тот же миг меня околдовали.

Их огонь ношу как талисман,
Только мысль досадная пронзила:
Боже мой!.. Зачем я не Руслан,
Когда такая водится Людмила?!

Не смотри на жизнь уныло —
Не к лицу она, печаль,
Выше голову, Людмила,
Чтоб за далью видеть даль.

Не пристанет к нам кручина,
Если верить в чудеса,
В то, что наша бригантина
Вновь поднимет паруса!..

Ю. Орлов

Я признáюсь — врать не буду,
Всю вам правду говорю:
Только лишь увижу Люду,
Сердцем чувствую — горю!

Без нее и вовсе худо —
Разве только жив пока! —
Что ж ты, Люда, что ж ты, Люда,
Так изводишь мужика!..

Всё смотрю, как на икону,
Глаз влюбленных не свожу...
Ты не бойся, я не трону, —
Я ведь только погляжу.

Но, однако, нежно глядя,
Помышляю, миг ценя:
Хоть бы ты и вправду, Надя,
Обнадежила меня!..

Вновь обретя себе кумира,
Смотрю и в профиль, и анфас,
И всё бы с Вас, мой ангел Ира,
Я не сводил влюбленных глаз.

Пускай останусь без ответа,
Но, доживая бренный век,
Всё буду помнить: в мире где-то
Живет хороший человек!..

За бал души, за этот рай,
Что будет помниться отныне,
Я увезу в далекий край
Воспоминанья об Ирине.

И в том краю под шум берез
Не раз привидится особо
Березка — милая до слез,
И может, даже — до озноба!..

Ю. Орлов

Может, есть на свете краше —
Красных девушек не счесть,
Только есть в тебе, Наташа,
Что-то этакое есть.

Этот грустный и веселый
Странный блеск туманных глаз,
Что узнается не скоро,
Но почувствуется враз!..

Признанья кавалера,
Как несуразный бред:
В душе возникла Вера,
А вот надежды — нет!..

Сверкни ж улыбкой нежной
И к сердцу допусти, —
Чтоб сразу и надежду,
И Веру обрести!

Ты Божий дар, прекрасная Елена,
Души моей и сердца госпожа!
Перед тобой коленопреклоненно
Я встать бы мог, пылая и дрожа...

Чтоб нам сойтись с тобою близко-близко,
Торжественно молчание храня, —
Ведь и всего нужна лишь только искра,
Чтоб вспыхнуть ярким пламенем огня!

В тебе — моя Вселенная,
Звезда на каждый день,
Елена вожделенная,
Любить тебя не лень.

Твоей любуюсь грацией,
И паж я твой, и страж,
Ты всякий раз — сенсация,
И будто бы — мираж!..

Преклоня колена,
Возглашаю я:
Леночка-Елена,
Девочка моя!

Млею, глядя в очи,
И душой горю,
Потому что очень
Я тебя люблю!..

Улыбчивее солнышка,
Певучей соловья,
Ау-ау!.. Аленушка,
Лебедушка моя!

В судьбе, как на проталинке,
Найти тебя я смог,
Мой ненаглядный, аленький
Божественный цветок!..

Я сам себя не чую даже,
С Вас не сводя влюбленных глаз.
И все я думаю: когда же
Еще, еще увижу Вас?

Так не смотрите же сердито,
Да и к чему сердитый вид,
Когда Вам сердце дарит, Рита,
С ума сошедший индивид!..

Для той, чье имя всех прекрасней

В жизни нет, увы, покоя,
Блекнут счастья миражи...
Только ты об этом, Зоя,
Вовсе даже не тужи.

Если кто-то вновь приметил,
Снизойдя до пылких строк, —
Значит ты на этом свете
Не увянувший цветок!..

В моей душе скопилось жара
Не меньше, чем на два пожара.
Невольный чувствую упрек —
Ну кто же так меня зажег?!

Но только ясно и корове,
Что я сгораю от... любови! —
Ведь так зажечь лишь могут чары,
Какие только... у Тамары!..

Таю свечкой стеариновой:
Мне покоя не дает
Губ Марины цвет малиновый
И речей чудесный мед.

Соблазняясь не украдкою,
Сам себя готов забыть...
Раз ты вся такая сладкая,
Как такую не любить!

Ах, не сетуй, Неля,
На судьбу и рок:
Коль душа при теле —
Значит, будет прок.

А уже от прока
Среди всех морок
Радость недалеко —
Подоспеет в срок!..

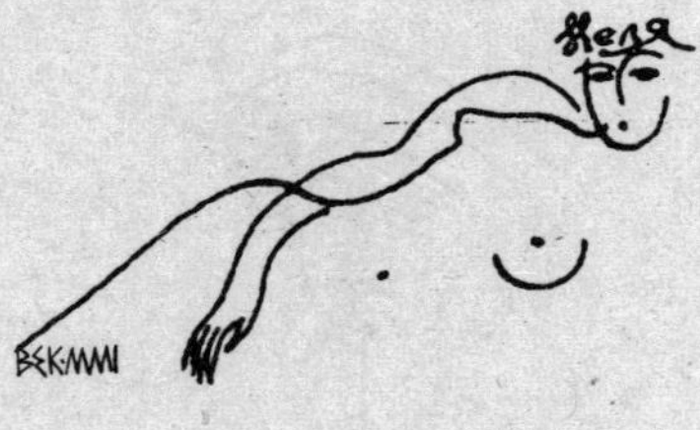

Таня есть — душа воспрянет,
Тани нет — унылый вид!..
Меня к Тане так и тянет
Чувств чувствительный магнит!

И смотрю я обалденно...
Как могло случиться так? —
Намагнитился мгновенно,
Размагнититься — никак!..

Я не султан и даже не паша,
Хоть как мужик, конечно, я — в порядке.
Лишь оттого, что ты так хороша,
Душа моя порой уходит в пятки.

Но я сказать хочу, душою рьян:
Хоть не похож пусть вовсе на султана,
Но если надо, чтоб я был султан,
То буду им — лишь для тебя, Татьяна!..

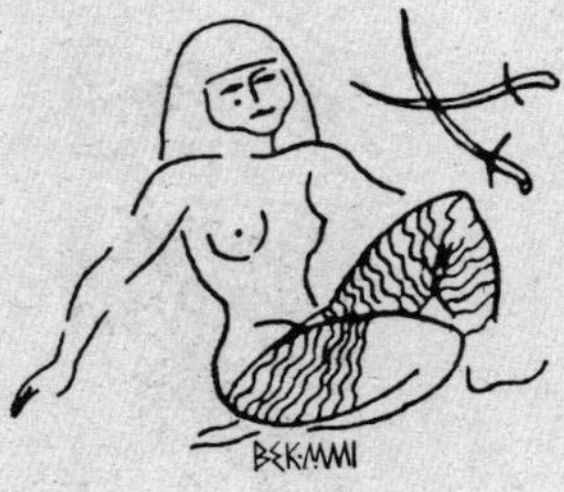

Я кривить душой не стану,
Свой едва умерив пыл:
Не любить нельзя Татьяну
Изо всех мужицких сил!

И сгораю я без дыма
От незримого огня...
Нет, она неотразима
Для дразнимого меня!..

Ю. Орлов

Огонь зажегся и потух,
И дни впустую полетели.
Остался лишь Татьянин дух
От остывающей постели.

Теперь до третьих петухов
Мне кружат голову дурманы:
То ль аромат ее духов,
То ль дух особенный Татьяны!..

Я нынче резвый, как олень, —
Есть повод превосходный:
Ведь не простой сегодня день —
«Татьянин день» сегодня!

Ликует доблестный студент,
Им все бы побуянить...
А у меня другой акцент:
Татьяну — отатьянить!..

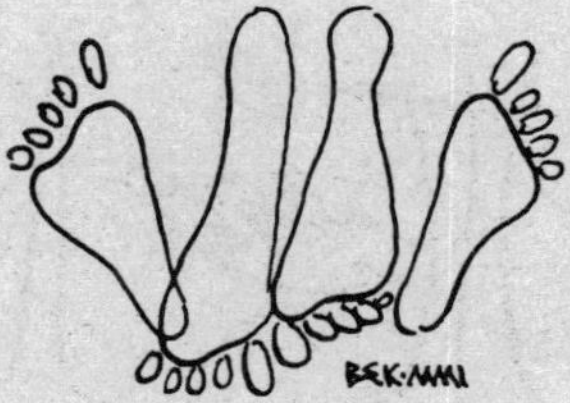

Ю. Орлов

Как сказать хочу я Оле,
К ней придвинувшись плечом...
О погоде, о футболе,
Да и мало ли о чем?!

Рад я вовсе не от скуки
Сердце сердцу открывать,
Но при этом только руки
Не найду куда девать!..

Прелестное созданье,
Сиянная звезда!..
Твое очарованье —
Моя теперь беда.

Вот так, виденьем бредя,
Попал в сердечный плен
К прекрасной Лиде-леди
Смятенный джентльмен!..

Ю. Орлов

Ты моя царица, Лида, —
Взглядом режешь, как ножом.
Стал я вроде инвалида,
За тобой хожу пажом.

Довела аж до экстаза,
И в упор смотрю, дрожа...
Но твоих два колких глаза —
Как иголки у ежа!..

Этикеты не наруша,
Как бы мне наверняка
С милой Валею-Валюшей
Не свалять бы дурака?!

В ней души своей не чаю,
Улетаю в облака...
И о большем не мечтаю —
Разумеется, пока!..

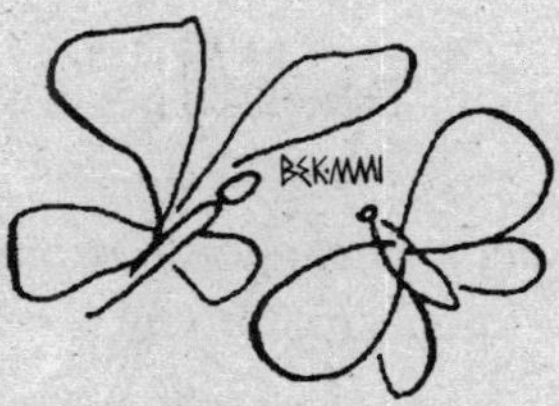

Как два алмаза, два рубина,
Твой взгляд пронзителен и жгуч.
Скажи хоть что-нибудь, Альбина,
Печальным таинством не мучь.

Под этим жгучим томным взглядом,
Не зная сам, чего хочу,
Я посижу с тобою рядом,
И тоже, может, помолчу!..

Пожелай мне, Рая, вдохновенья —
Что-нибудь такое сотворить,
Чтоб, поймав счастливое мгновенье,
Кой на что тебя уговорить!..

Мы живем не за стеной китайской,
Чтоб чего-то сделать не успеть:
Для тебя я стану птичкой райской,
Чтобы песни райские пропеть!

С тобою мы дошли до края,
Чтоб испытать блаженный рай...
И вот уже мы знаем, Рая,
Что и у рая есть свой край.

И впору б искрам разгореться
В объятьях жарких наших тел,
А я не то чтобы согреться, —
И наглядеться не успел!..

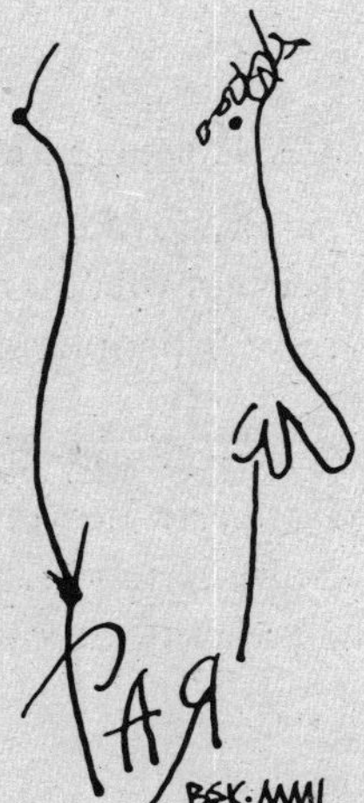

Проходят годы, сердце раня,
В глазах становится темней,
И, значит, мы друг другу, Маня,
Еще становимся нужней.

Волненье чувств и нам не чуждо,
И потому в кипенье дней
Раз нам обоим это нужно, —
Не все ль равно, кому нужней!..

Говорю тихонечко,
Чувствуя разлуку:
«До свиданья, Тонечка!..»
Жму на счастье руку.

Дорожа минутками,
К новым целя вехам,
Станем незабудками,
Станем долгим эхом!..

Ю. Орлов

Все при Кате очень кстати,
Мне других не надо Кать:
И по сути и по стати
Лучше Кати — не сыскать.

Потому, раскрыв объятья,
Говорю я, не тая:
Катя, Катя, Катя, Катя,
Катя — куколка моя!..

Влюбился по́ уши мужчина
И повторяет все, чудак:
Звезда моя — Екатерина,
Мой иероглиф, тайный знак!

Перед тобой я просто таю,
Совсем растаять не боюсь,
Пока всех тайн не испытаю,
Пока до сути доберусь!..

Во сне ли, наяву ли я?
Любовь ли довела?...
Ах, Юлия! Ах, Юлия! —
Вращаюсь, как юла.

Жить дальше так — могу ли я?
Душа моя болит,
А Юлия, а Юлия...
По-прежнему юлит!

Ты что-то мне пообещала,
Чего забыть я не могу,
И не с того ли сам я, Алла,
Перед тобой в большом долгу?!

С тобой вдвоём к единой цели
Готов идти я до конца, —
Не обязательно к постели, —
Хотя бы только... до крыльца!..

Ю. Орлов

Хорошо б, душа-Варвара,
Нам с тобой наедине
Посидеть у самовара,
Полежать на топчане!..

Заявляю во весь голос:
Дружбе нашей нет преград!
Для тебя всегда я холост,
Даже ежели женат!

Жизнь порой относится к нам грубо,
Такова она, мы знаем, — жизнь.
Только ты держись покуда, Люба!
Даже если худо, а держись.

Даже если огорчений груда
Нас в тупик загонит иногда, —
Выход есть, пожалуй, и оттуда,
Не спеши лишь только... в никуда!

Ю. Орлов

Я понял с первого же взгляда,
Что так сумел заворожить:
С Любовью ссориться не надо —
Любовью надо дорожить!

Зачем же, право, хмурить брови,
Коль есть иной позыв в крови:
От восхитительной Любови
Я весь решительно в любви!..

Той светлый миг и боль моя, Галина, —
Неистребима в сердце эта боль.
В судьбе одной ты только — половина,
Но я без этой половины — ноль!

Своей юдоли — не переиначу,
И что я сам поделаю с собой,
Коль не живу, а только время трачу
Без сокровенной близости с тобой?!

Я болею — есть причина, —
У меня такой синдром:
Повторяю имя «Нина»,
Как молитву перед сном.

И, любуясь, как картиной —
Пусть души и не согреть, —
Я одно хочу: чтоб Ниной
До конца переболеть!..

Я, конечно же, не льдина,
Не бесчувственный какой,
И тебя невольно, Нина,
Глажу ласковой рукой!

Отзвенели наши свадьбы,
Не вернуться тем денькам,
Ну а что бы и не дать бы...
Волю собственным рукам?!

Ю. Орлов

С такою не грех обезуметь нежданно:
Кудесница Анна — мечта Дон-Жуана!
Всех прелестей дамских при ней атрибуты —
В момент покоряет улыбка Анюты.

И бёдра, как вёдра, — направо, налево,
И эдак, и так — как ни глянь — королева!
И голос певучий, взывающий к ласке...
И вовсе чаруют — Анютины глазки!

Мила, Ми́ла, Ми́ла!
Восхищенье сплошь:
Без «огня» и пыла
Мимо не пройдешь.

Сердце покорила
И с ума свела:
Потому и Ми́ла,
Что собой мила́!..

Чувством нежным дви́жим я,
Побужденьем прочным:
Пусть ликует суть твоя
В имени цветочном!

Чтоб всегда была мила,
Духом не иссякла,
Чтоб как Лилия цвела —
И цвела, и пахла!..

Страстью к Лилии горю,
Обожаю Лилию! —
Подарю ей, подарю,
Я свою фамилию!..

Тропку к сердцу проложу,
Чтоб открылась Лилия...
Непременно приложу,
Все к тому усилия!

Чувств горячих не тая́,
В мыслях улетая,
В облаках витаю я:
Тая, Тая, Тая!..

Нас ведет одна стезя,
Стало быть — о, Боже! —
Без нее мне жить нельзя,
Без меня ей — тоже!..

Не померкнет дружба наша,
Не окончится кураж,
Кабы знать мне только, Даша:
Ты мне дашь или не дашь?..

Слаще меда, шоколада
И сдобней, чем каравай...
Если б ты спросила — надо?
Я б сказал тебе — давай!..

Весь трепет чувств, что есть еще в запасе,
И даже тех, уже которых нет,
Я непременно подарил бы Асе,
Как самый замечательный букет.

Когда бы нам — да чуточку согласья,
Да застелить, как водится, постель!..
Из наших душ мы вместе оба, Ася,
Могли б составить чудненький «коктейль»!

Факт совершенно очевиден:
Не могут не очаровать —
Бедовый норов Зинаидин,
И вся ее крутая стать!

Лик — безупречно-благороден,
И взгляд воистину такой,
Что в ухажеры ей пригоден
Лишь кто-то очень сам «крутой»!..

Все-то прелести при Зине,
Погляжу — аж до слезин:
Продавали б в магазине —
Я купил бы пару Зин.

Безо всяческой рисовки
Сердце враз воспламенит,
И чем меньше «упаковки»,
Тем ее товарней вид!..

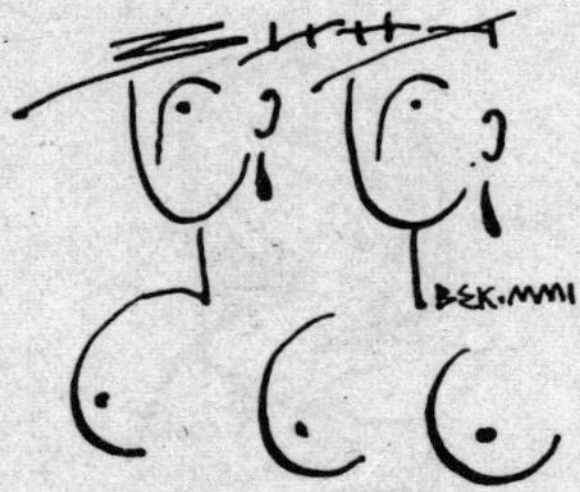

С тобой нам не надо театра:
Своя есть у каждого роль,
Где ты, например, — Клеопатра,
Которой под стать бы — Король.

И, коль поиграть захотела,
Я смело сей вызов приму:
Сыграю такого Отелло,
Что все будет как наяву!..

ВМЕСТО ЭПИЛОГА

Вот уже маячит берег новый...
И, красою новой покорен,
Продлеваю свой черед медовый
В омуте пленительных имен.

Галя, Оля, Вера, Зина, Рита —
Вновь не скрыть волнения в крови,
И душа распахнута, открыта
Для огня, для ласки, для любви.

Лидия, Тамара, Валентина!..
Словно маяки минувших дней,
Словно алый парус бригантины
В необъятной памяти моей.

Сны свои цветные вижу эти
И шепчу, пьянея без вина:
Ты одна такая в целом свете,
В целом свете только ты одна!..

НА ДРУЖЕСКОЙ ПИРУШКЕ

Хорошо рядком присесть —
Мило, симпатично,
А когда и выпить есть,
То совсем отлично!

На Руси обычай прост —
Наливай по малой!..
Ну а если нужен тост,
Я скажу, пожалуй.

Ведь, судьбу свою верша,
Нам всего-то нужно,
Чтобы тело и душа
Жили тоже дружно.

Значит, взять бы ключ к судьбе
В собственные руки,
Не позволивши себе
Ни нытья, ни скуки.

Жить, таращиться, мечтать,
Чтоб девизом было:
Не страдать, а утверждать
Собственное «рыло»!

Чтобы ближнему еще
Не чинить подвоха:
Делать только хорошо
И не делать плохо!

Чтобы жизнь текла по дням
Не пустопорожно!..
Вот за это выпить нам
Очень даже можно.

Так возьмем по «небольшой»
И почнем со вздоха...
Пусть нам будет хорошо
И не будет плохо!

ГОСТЕПРИИМНЫЕ ТОСТЫ

Товарищи! Мы собрались за столом —
Поднимем бокалы, а после — споем...

Хорошие песни, но голос затих,—
Давайте вторую и выпьем за них.

Однако же петь надоело протяжно,
Не выпить ли нам, чтоб не мучила жажда?!

Еще, чтобы к нам не пристал сатана,
Осушим бокалы до самого дна.

Мы горло мочили, чтоб не было сухо,
Так выпьем еще для поднятия духа.

И непременно — за дедушку с бабкой,
Еще по бокалу — чтоб не было зябко...

Теперь стало, кажется, вдруг горячо —
Закусим скорее и выпьем еще!..

За радость, печали... по двести, по сто —
Не выпьешь едва ли, когда есть за что!

Кипит вино в заздравных чашах,
И, душ выплескивая жар,
Сердца едино бьются наши,
Как перед боем у гусар.

Так не дадим же, братцы, маху,
Войдя в воинствующий раж,
Поднявшись разом, как в атаку,
Сомкнуть ряды заздравных чаш!

Ю. Орлов

И вот он, миг желанной встречи —
В кругу подруг, в кругу друзей,
Когда звучат заздравно речи
И души, вспыхнув, словно свечи,
Друг другу ближе и родней!

В том никаких сомнений нету,
И, озираючись вокруг,
Я поднимаю чарку эту
За столь приятнейший сей круг!

Как хорошо в кругу с друзьями!..
Хотя и знаем мы — вокруг
Не всякий тот, кто рядом с нами,
Увы, увы, бывает друг.

Но, не скрывая чувств горячих,
Бокал поднять хочу я сей
За неказенных, настоящих,
За самых «правдушных» друзей!

Нам к тому б судьбу свою направить,
Чтобы радость с ней была не врозь
И чтоб в сердце оставалась память
Крепко вбитой, словно в стену гвоздь.

И неважно нам, наверно, даже,—
Где мы средство верное найдем:
Узелки ль для памяти завяжем,
Или гвозди новые вобьем!..

Опять дают чего-то в гастрономе,
Чего-то бабы в сумках волокут,
И, ни о чем не помышляя кроме,
Толкаясь, люди в очереди ждут.

А мне бы жить, зря времени не тратя,
Иметь бы не скрипучую кровать,
И есть, и пить без думы о зарплате,
Чтоб винные бутылки не сдавать.

Чтоб мне мораль постылую не слушать,
Родных рублем и правдой не корить,
И, приглашая выпить и покушать,
Пустых речей гостям не говорить.

Чтоб просто так, отбросив славословье
И, утверждая дружеский настрой,
Я мог бы выпить чарку — за здоровье
И предложить за то же — по второй!

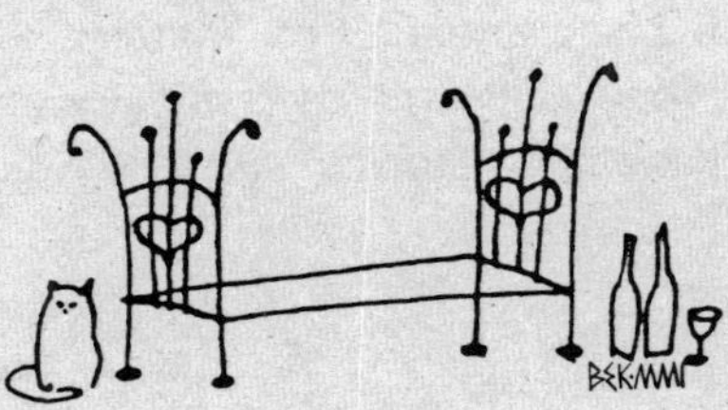

Я предлагаю тост такой:
Коль довелось нам здесь собраться,
Пускай вино течет рекой,
И нам бы в той реке купаться!

Как не дружить с проклятым зельем,
Когда все так заведено:
Поминки, свадьбы, новоселья...
Везде вино, вино, вино!..

Ведя борьбу с «зеленым змеем»,
В душе вполне его клянем,
Но долг всегда отдать умеем:
Раз надо выпить, мы и пьем!..

Пусть нам удача не изменит:
За «сбычу мечт» и «хвачу денег»!
И чтоб жилось, легко дыша,
И жизнь казалась — хороша!..

Что-то кровь уж в жилах не играет.
Где ты, полно налитый стакан? —
Как тебя мне часто не хватает,
Без тебя хожу, как истукан!

Только наша где не пропадала:
Коли случай нам сегодня дан,
Выпьем враз, и если будет мало,
Вновь наполним этот же стакан!

Творится что — сам черт не разберет,
Не всё в порядке нынче со страною.
А сердце вновь ликует и поет,
Коль не обносят чаркой стороною!

Так сбросим с душ гнетущее нытье
И, разливая горькую настойку,
Поднимем тост — за лучшее житье!..
И заодно — помянем перестройку!

Ориентиры наши чётки —
Сошелся клином белый свет:
И за кордоном русской водке
Альтернативы просто нет!

И мы поднять готовы чарку,
Как патриоты здешних мест,—
За нашу собственную марку
И этот, собственно, «присест»!..

Подружившись у горы Железной,
Где источник шибко знаменит,
Были мы решительно любезны,
Позабыв, чего и где болит.

За столами не были мы немы,
Не скрывали тщательно подтекст,
Обсуждая всяческие темы,
Что назвать одним бы словом: «секс».

И скоренько все поздоровели,
Что само собой и не ново́,
Потому как мы не только ели,
Но еще и пили кой чего!..

В минуту редкостных свиданий
Я вновь готов провозгласить:
Огонь души, огонь желаний
Спешить не надо погасить.

Желаю Вам в большом и в малом
Дружить с удачею и впредь,
И чтоб, горя сердечным жаром,
Ни в чем другом не погореть!..

Ну что ж, друзья, — такая штука!
Мы ждали дня, и он пришел,
И вот она уже, разлука,
Присела к нам за этот стол.

Сидит и смотрит в оба глаза
И не понять, конечно, ей,
Что хоть сильна она, зараза,
Но дружба все-таки сильней!..

Озираясь взглядом зорким,
Обращаюсь, братцы, к вам:
Что ж, придется на вечёрке
Обойтись, увы, без дам!

Только в том не вижу драмы,
Принимая все как быль:
С нами вместо милой дамы —
Пол-литровая бутыль!

Нам судьбы́ никто не пересудит,
Те суды Бог весть как далеки...
Пусть оно всё будет, как и будет, —
В общем, надо выпить, мужики!..

Пьянство — делу не подмога,
Знаю сам — не в этом суть:
Я противник... если много,
Но сторонник — по чуть-чуть!

Мне б до срока не иссякнуть,
Завтра зрить, что нынче зрю!
И за это — можно «квакнуть»,
Скажем так — «по стопарю»!..

Всё-то всё пройдет, о боже, —
И меня не будет тоже.
Свой черед наступит всем...
Будто не было совсем.

С думой бренною о тризне —
Нам бы что-нибудь при жизни!
Чтобы там, где трын-трава,
Не болела голова!..

ПОД ЗАНАВЕС

И вот уже мы с вами у порога —
Всё перемелет время в порошок...
Прекрасных тостов нынче было много,
Но как не выпить нам — «на посошок»?!

Содержание

Ю. Орлов

В ЗАСТОЛЬНЫЙ ЧАС О САМОМ ГЛАВНОМ

Литературный редактор *И.Луговая*
Художественный редактор *Е. Лебедина*
Компьютерная верстка *Т. Носовой*
Ответственный за выпуск *А. Светлова*

Подписано к печати 23.09.2002
Формат 70x100 1/32
Бумага газетная. Печать офсетная.
Гарнитура «Lazursky». Объем 8 п. л.
Тираж 5 000 экз. Заказ № 6264.

ЛР № 065715 от 15.03.98

ООО «Издательство «Яуза»
109507, Москва, Самаркандский б-р., 15
Электронная почта (E-mail) — yauza@sovintel.ru

Для корреспонденции:
109507, Москва, Сущевский вал., 49
Контактный тел.: (095) 289-02-55

ООО «Издательство «ЭКСМО»
107078, Москва, Орликов пер., д. 6
Интернет/Home page — www.eksmo.ru
Электронная почта (E-mail) — info@eksmo.ru

Изготовлено с готовых диапозитивов
в Тульской типографии
300600, г. Тула, пр. Ленина, 109